Contenido

Introducción

La vida cristiana está llena de cosas hermosas que nos ha dado Dios para disfrutarlas. Sin embargo, a veces las perdemos porque nos sentimos tan pequeños delante de su presencia augusta, que pasamos por alto quién es él en realidad. Lo miramos como alguien muy lejano e inalcanzable.

De modo que ahora cabe esta pregunta: ¿cuánto sabemos acerca de la Trinidad? La Biblia es una fuente inagotable que nos permite adentrarnos en temas como este que tanto nos inspiran a vivir como verdaderos cristianos. Por tanto, son muchos los teólogos que se han dado a la tarea de satisfacer esta necesidad, lo cual es muy encomiable. Los análisis eruditos de la Trinidad abundan. Pero más que un análisis, el pueblo de Dios necesita experimentar la presencia de Dios de una manera poderosa. Sin embargo, no siempre estamos preparados. Si ese es su caso, emprenda un viaje a través de la Biblia mediante *Dios: Padre, Hijo y Espíritu Santo*.

Este libro viene a dar respuesta a muchas inquietudes que tenemos en cuanto a Dios. Un sinnúmero de personas conocen a Dios de manera intelectual. Entre otras cosas, oyen hablar de su amor, misericordia, fidelidad, gracia y poder, pero consideran que todas estas bendiciones no están a su alcance. Han oído que Jesús vino al mundo para salvar a los pecadores, pero no se deciden a aceptarlo. Incluso, saben que existe el Espíritu Santo, pero ahí queda todo. A menudo dicen: "No soy digno. ¿Cómo pensar que puedo estar tan cerca de un Dios tan grande?"

El autor de *Dios: Padre, Hijo y Espíritu Santo* responde este interrogante: "Todos somos viles pecadores que merecemos ser desechados. Pero Dios compró nuestra alma con la sangre de su Hijo Jesucristo y, habiendo perdonado todos nuestros pecados, nos ha declarado justos."

De manera sencilla y práctica, Cho nos lleva a profundizar en lo que significa para nosotros Dios el Padre, quien con su misericordia infinita preparó el camino de la redención a través de Jesucristo, Dios el Hijo, quien entregó su vida en rescate por todos y que, al marchar a los cielos, no nos dejó solos, sino que nos dejó la presencia poderosa del Espíritu Santo.

Es nuestro mayor deseo que este libro le lleve a buscar más de Dios y que cada día sea un reto para crecer en la vida cristiana.

La gracia del Señor Jesucristo, el amor de Dios, y la comunión del Espíritu Santo sean con todos vosotros. Amén. (2 Corintios 13:14)

Editorial Vida
Miami, EE. UU.
Diciembre de 1998

Dios,
el Padre

1

Los caminos de Dios

*C*omo los padres aman a sus hijos, Dios ama a los israelitas que son su pueblo escogido. Sin embargo, los israelitas renunciaron a esta bendición, adoraron ídolos y se entregaron a la iniquidad.

En particular, los líderes y los funcionarios del gobierno eran personas orgullosas carentes de toda compasión, entregados a toda suerte de perversidades en busca de satisfacción para sus deseos carnales. Presentaban ofrendas en forma despectiva y la observancia de los días especiales solo eran para cubrir las apariencias. En el caso de los sacerdotes la corrupción interna era indescriptible.

Sus iniquidades provocan el lamento de Dios: "El buey conoce a su dueño, y el asno el pesebre de su señor; Israel no entiende, mi pueblo no tiene conocimiento" (Isaías 1:3).

La misericordia de Dios

A través del profeta Isaías Dios comunicó a los israelitas sus pecados y les advirtió del juicio venidero. Por otra parte, por su amor y compasión sin límites, los exhortó a que se convirtieran al Señor y se apartaran de sus pecados.

¿En qué consisten la compasión y la misericordia de Dios hacia con nosotros en el día de hoy?

El camino del perdón

Dios dejó abierto el camino del perdón para toda persona en cada lugar.

La historia siguiente ocurrió en el sur de Estados Unidos. Una noche, un hombre de edad madura regresó a casa borracho y sostuvo una agria discusión con su esposa. Enojado, salió de la casa dando un portazo y puso en marcha el motor de su auto.

Sin darse cuenta, su hijo de tres años lo siguió y se quedó parado detrás del auto. Cegado por la ira dio marcha atrás, atropelló a su hijo y lo mató. Después no podía resistir el sentimiento de culpa por haber dado muerte a su hijito y se convirtió en un hombre sin propósito en la vida.

Un día, mientras vagaba sin rumbo, oyó las campanas de una iglesia. Sintió como si las campanas lo estuvieran empujando hacia el templo, así que entró.

Ese día el pastor estaba dando un mensaje sobre la misericordia de Dios. Sin embargo, el hombre abatió su cabeza mientras pensaba: "Un pecador como yo no tiene posibilidad de perdón."

Sin embargo, el mensaje del pastor seguía golpeando su corazón. "Jesús murió en la cruz por tus pecados, por los tuyos. Dios te mostrará su misericordia si tan solo te arrepientes."

Finalmente reveló su pesada carga al Señor y lloró con su corazón lleno de arrepentimiento. Más tarde, no podía contener el gozo y la gratitud hacia el Señor por su misericordia. Por tanto, decidió ofrecer el resto de su vida al Señor y se dedicó a trabajar en una organización juvenil cristiana internacional.

Alcance (límite) del perdón divino

Hay gente que piensa: "Debido a la gravedad de mis pecados, no puedo ser perdonado." Pero, ¿a quién podría Dios negar esta limpieza puesto que ha dado a su Hijo unigénito en la cruz para lavar el pecado?

David dice: "Él es quien perdona todas tus iniquidades, el que sana todas tus dolencias" (Salmo 103:3). Asaf proclama: "Pero Él, misericordioso, perdonaba la maldad, y no los destruía. Y apartó muchas veces su ira, y no despertó todo su enojo" (Salmo 78:38).

Además, según Miqueas 7:19: "Él volverá a tener misericordia de nosotros; sepultará nuestras iniquidades, y echará en lo profundo del mar todos nuestros pecados." Dios perdona todos los pecados sin excepciones.

Durante su reinado, David cometió el pecado de adulterio con Betsabé, la esposa de Urías, su siervo fiel. Con el fin de ocultar su pecado, urdió un complot para que Urías muriera en una sangrienta batalla. De esta manera agregó el pecado de homicidio al otro que había cometido. Sin embargo, Dios envió al profeta Natán para que le revelara al rey David sus pecados. En cuanto el rey recibió el mensaje se arrepintió sin dar excusas y sus terribles pecados fueron perdonados.

Jesús también perdonó a la adúltera sorprendida en el acto de cometer el pecado, y mientras estaba clavado en la cruz, perdonó al terrible ladrón que pendía junto a Él, en cuanto aquel se arrepintió de sus pecados.

De manera que no hay pecado tan grave ni pecador que sea tan terrible que no pueda tener perdón.

Todos somos viles pecadores que merecemos ser desechados. Pero Dios compró nuestra alma con la sangre de su Hijo Jesucristo y, habiendo perdonado todos nuestros pecados, nos ha declarado justos.

Sin embargo, no perdonará si uno blasfema a propósito contra el Espíritu Santo. Esto queda muy claro cuando consideramos Mateo 12:31: "Por lo tanto os digo: Todo pecado y blasfemia será perdonado a los hombres; mas la blasfemia contra el Espíritu no les será perdonada."

"El que viola la ley de Moisés, por el testimonio de dos o tres personas muere irremisiblemente. ¿Cuánto mayor castigo pensáis que merecerá el que pisoteare al Hijo de Dios, y tuviere por inmunda la sangre del pacto en la cual fue santificado, e hiciere afrenta al Espíritu de gracia?" (Hebreos 10:28-29).

El Espíritu Santo da testimonio de la resurrección de Jesucristo, lo que significa que Cristo es el Salvador de toda la gente de la tierra. El que niega el testimonio del Espíritu Santo y blasfema en su contra, es como si hubiera blasfemado de Jesucristo cometiendo el pecado de incredulidad.

"El que creyere y fuere bautizado será salvo; mas el que no creyere será condenado" (Marcos 16:16).

El objetivo de Dios

El objetivo de Dios es perdonar los pecados de quienes se arrepienten sinceramente y creen en Jesucristo.

"De cierto, de cierto os digo: El que oye mi palabra y cree al que me envió, tiene vida eterna; y no vendrá a condenación, mas ha pasado de muerte a vida" (Juan 5:24).

Cuando aceptamos a Jesucristo como nuestro Salvador, nuestros pecados son perdonados. Aunque los que se arrepienten de verdad y obedecen la Palabra del Señor reciben el perdón y la vida eterna, los que la rechazan y no obedecen no pueden eludir la ira de Dios.

Según Juan 1:9: "Aquel era la luz verdadera que alumbra a todo hombre que viene a este mundo" (Reina Valera 1909).

Por consiguiente, cuando nos examinamos a nosotros mismos a la luz de la Palabra de Dios y vemos que algo anda mal, debemos arrepentirnos con las siguientes palabras: "Señor, he cometido estos pecados delante de tus ojos", y de inmediato tenemos que abandonar el pecado. Entonces Dios tendrá compasión de nosotros y nos perdonará nuestros pecados (Proverbios 28:13).

Si nos arrepentimos de nuestros pecados Dios hará que nuestros pecados sean blancos como la nieve, sean más blancos que la lana de un cordero, y nos dará la salvación.

Señor, Dios nuestro, te damos gracias porque
nuestra relación, que estaba cortada, fue
transformada en bendición cuando enviaste
al Señor Jesucristo al mundo. Ayúdanos para
llevar vidas de devoción hasta la muerte, y no
olvides el perdón y la salvación que nos fue
dada por la sangre del Señor Jesucristo. Lo
pedimos en el nombre de Jesucristo. Amén.

La perspectiva del Señor (ante los ojos de Dios)

Cristianos son las personas que han decidido vivir ante los ojos de Dios. Así que, cuando vivimos según la perspectiva divina, podemos llevar con éxito una vida de fe.

Entonces, ¿cómo podemos llevar una vida que nos permita llegar a ser cristianos que hallan justicia ante los ojos de Dios?

El caso de Jonás

Dios mandó a Jonás que pregonara la advertencia de un juicio contra Nínive, la capital de Asiria (Jonás 1:2). Pero cuando Jonás se puso a pensar que Nínive persiguió al pueblo de Israel y fue enemigo de los israelitas, desobedeció a Dios y se embarcó hacia Tarsis.

Sin embargo, puesto que había considerado a Nínive para salvarla, Dios envió un gran viento que azotó a la nave que llevaba a Jonás en su huida del mandamiento de Dios. La gente que iba a bordo se aterrorizó enormemente y decidieron determinar quién era el responsable de la fuerte tormenta. Para ello echaron suertes y señalaron a Jonás como la causa. Lo tiraron por la borda y tuvo que sufrir en las entrañas de un gran pez.

Mientras estaba en el vientre del pez entendió su modo de vida y se arrepintió, no desde la perspectiva del Señor, sino desde su propia perspectiva humana. Al comprenderlo, Jonás se arrepintió de su desobediencia a Dios en cuanto a ir a Nínive. Además, decidió vivir no según su perspectiva humana, sino en obediencia al propósito de Dios. El Señor oyó su oración e hizo que el gran pez vomitara a Jonás en la playa.

Después de sobrevivir milagrosamente el tormento, Jonás siguió el mandamiento de Dios y se dirigió a Nínive para proclamar: "De aquí a cuarenta días Nínive será destruida" (Jonás 3:4).

Una vez que el rey y la población de Nínive escuchó la advertencia de Dios, se vistieron de saco, se sentaron en cenizas y ayunaron para expresar arrepentimiento de sus malos caminos. De esa manera escaparon del juicio de Dios.

A través de la vida, nosotros también tenemos que enfrentar el dilema de seguir la perspectiva humana o la divina. En tales momentos tenemos que desechar resueltamente nuestras ideas humanas y aceptar el camino de Dios. Solo entonces Dios nos guiará.

El caso de Abraham

Fe, también podemos aprender que la fe es el acto de abandonar nuestro propio punto de vista para adoptar el de Dios cuando consideramos la experiencia de Abraham.

Abraham, quien no tenía hijo, oyó el mandato de Dios: "Vete de tu tierra y de tu parentela, y de la casa de tu padre, a la tierra que yo te mostraré" (Génesis 12:1-3). Al oír el mandato de Dios, salió de Harán a los setenta y cinco años de edad. Sin embargo, pasó un tiempo considerable y seguía sin tener un hijo. Después de mucho esperar en vano, Abraham estaba a punto de designar como su sucesor al damasceno Eliecer. Entonces Dios habló a Abraham y le dijo que iba a tener un descendiente que vendría de él, y le pidió que mirara las estrellas del cielo. Dios prometió a Abraham que sus descendientes serían tan numerosos como las estrellas del cielo.

En ese momento Abraham estaba en una encrucijada: seguir el juicio basado en su perspectiva humana o seguir la perspectiva divina. Para que Abraham tuviera fe en las palabras de Dios era necesario que creyera a sus palabras. Ante este dilema, sin vacilar,

Abraham creyó en las palabras infalibles de Dios y Él lo consideró "justo" (Génesis 15:6).

Cuando Abraham tenía cien años y Sara noventa, edad que hacía imposible la concepción, Dios hizo renacer el sueño de Abraham y le concedió un hijo de acuerdo con la promesa dada.

Dios concede milagros que pueden resucitar muertos a personas que abandonan toda perspectiva humana y optan por la perspectiva de Dios. Entonces, siempre tenemos que aceptar el punto de vista de Dios y creer en sus milagros.

Y... ¿qué de nosotros?

Hoy día debe ser motivo de gran preocupación la forma en que Dios ve a los cristianos. La Biblia narra con claridad el punto de vista que Dios tiene de nosotros.

"Mas por Él estáis vosotros en Cristo Jesús, el cual nos ha sido hecho por Dios sabiduría, justificación, santificación y redención" (1 Corintios 1:30).

En la actualidad, Dios considera sabio al cristiano. El mundano, con su perspectiva particular, puede reflexionar sobre sus opiniones y decir acerca del creyente: "Ese hombre no tiene suficiente educación ni riqueza. Es una persona sin importancia." Sin embargo, ante los ojos de Dios, a todos los que han aceptado a Cristo como Salvador se les considera sabios.

Además, por la cruz, Dios ve al cristiano como justo. En el momento que recibimos a Cristo, nuestros pecados pasados, presentes y futuros fueron completamente perdonados. Por la sangre que Jesucristo derramó en la cruz se nos perdonaron los pecados y se nos justificó. Más aun, somos individuos santos, llamados por Dios para obedecer su voluntad. Por tanto, debemos luchar por vivir como santos siguiendo su Palabra.

Así cuando lo vemos desde el punto de vista de Dios, los cristianos son sabios, justos y santificados. De modo que debemos despojarnos de nuestra perspectiva humana y aprender a valorarnos de la misma manera que Dios lo haría. Y cuando nos valoramos según la mirada de Dios, debemos sentirnos orgullosos de nuestra vida en Dios y vivir con confianza.

Cuando miramos el mundo desde una perspectiva humana, solo podemos sentir desesperación y ruina. Sin embargo, cuando miramos la vida desde la perspectiva de Dios, nos llenamos de salvación y esperanza.

Señor Dios, ayúdanos a considerar este mundo no a través de nuestra perspectiva humana, sino a través de tu perspectiva, recordando la cruz. Ayúdanos a llevar vidas victoriosas de acuerdo con tu perspectiva. Lo pedimos en nombre de Jesucristo. Amén.

La autoridad de Dios

Después de pecar, recibimos perdón si nos arrepentimos en el nombre de Jesucristo. Sin embargo, Dios no tolera el pecado que desafía su autoridad.

Mateo 8 nos narra cómo Jesús sanó al siervo del centurión. Cuando Jesús iba a entrar en Capernaum, un centurión fue a Jesús y le pidió que sanara a su siervo que estaba paralítico. Jesús le preguntó dónde vivía para ir a la casa del centurión y sanar al siervo.

El centurión dijo: "Señor, no soy digno de que entres bajo mi techo; solamente di la palabra, y mi criado sanará."

Jesús oyó las palabras del centurión y exclamó: "Ni aun en Israel he hallado tanta fe."

Cristo dijo esto porque el centurión reconoció la autoridad de Dios. El centurión tenía fe de que bastaba con que Jesús hablara para que su siervo sanara.

De esta manera debemos reconocer y rendirnos a la autoridad

que creó el universo y todo lo que en él hay. Esta es la verdadera fe.

La historia de la miseria del hombre

Dios es el creador de la tierra, de los cielos y de todo lo que hay en el universo. Solamente Él tiene la autoridad sobre todas las cosas. Dios hizo a Adán y Eva y los puso a vivir en el huerto de Edén donde no existían el sufrimiento ni el dolor. Le advirtió a Adán: "De todo árbol del huerto podrás comer; mas del árbol de la ciencia del bien y del mal no comerás; porque el día que de él comieres, ciertamente morirás" (Génesis 2:16-17).

El fruto del árbol del bien y del mal representaba la autoridad de Dios El juicio del bien y del mal puede hacerlo solo Dios, el creador de este mundo. Sin embargo, el hombre cayó en la tentación del diablo que le sugirió que el hombre puede ser como Dios si come del fruto prohibido. Tentado en esa forma, el hombre comió el fruto prohibido y cometió el grave pecado de desafiar la autoridad de Dios.

Debido al pecado, el hombre fue expulsado del huerto de Edén. Después de esta transgresión, el hombre desafia de nuevo a Dios al construir la torre de Babel. Esta vez también fracasó porque Dios puso confusión en el hombre diversificando las lenguas, lo que provocó la dispersión de hombre sobre la faz de la tierra.

En la época de Cristo, muchos fariseos, doctores de la ley, saduceos y fariseos desafiaron sin cesar a Jesús. No creían que fuera el Hijo de Dios y lo desafiaron. Al final gritaron pidiendo a Poncio Pilato, el gobernador romano de ese tiempo, su crucifixión. Simplemente este era un desafio y desconsideración a la voluntad y autoridad de Dios.

Como castigo, Dios desechó a los israelitas a pesar de que eran su pueblo escogido y los dispersó por toda la tierra sin tener un territorio durante dos mil años, viviendo bajo angustia y persecución.

A través de la historia Dios nos muestra que todo aquel que desafia su autoridad recibirá un terrible castigo. Todo aquel que cree en Jesucristo, enviado por Dios, recibirá salvación. Pero los que se le oponen recibirán el castigo. Por lo tanto, debemos aceptar a Jesús como nuestro Salvador y tenerlo a Él como nuestro Amo.

¿Dónde está la autoridad de Dios hoy en día?

"De modo que quien se opone a la autoridad, a lo establecido por Dios se opone; y los que resisten, acarrean condenación para sí mismos" (Romanos 13:2).

La autoridad de Dios reside en la Iglesia sobre la tierra. La Iglesia no es una simple reunión de cristianos. La Iglesia es el cuerpo de Cristo y la autoridad de Dios reside en ella.

Esta autoridad no la establecieron los hombres, sino Jehová Dios. Como resultado, aunque perdona nuestros pecados, Él juzga a quienes desafían su autoridad.

La Iglesia nació el día de Pentecostés cuando Dios descendió de los cielos en la forma del Espíritu Santo. El Espíritu Santo edificó y desarrolló la Iglesia. Un desafío contra la Iglesia es un desafío contra Dios.

A menudo, los incrédulos desafían a la Iglesia y a veces hasta los creyentes lo hacen. Mediante tales desafíos provocamos penurias a nuestra vida y a la de quienes nos rodean.

Todos los cristianos deben reconocer firmemente la autoridad de la Iglesia, la que está basada en la autoridad de Dios, y debemos aprender a obedecer esta autoridad.

Y... ¿qué de nosotros?

La historia del hombre está muy matizada con desafíos y rebeliones contra la autoridad de Dios. En aquellos momentos de la historia, Dios juzgó al hombre con severidad. Dios no tolera tales desafíos y rebeliones. Pero debido a que está lleno de justicia y amor, Dios envió a su Hijo unigénito a la tierra para que todo el que cree en Él reciba el perdón de sus pecados y la salvación.

"Porque de tal manera amó Dios al mundo, que ha dado a su Hijo unigénito, para que todo aquel que en Él cree, no se pierda, mas tenga vida eterna" (Juan 3:16).

En la actualidad, la cruz de Cristo ofrece la única oportunidad de salvación para la gente. Dios ha hecho a Cristo Rey de reyes y Salvador de salvadores. Los que aceptan a Jesús como Salvador recibirán la salvación; si no lo hacen, serán juzgados. Toda persona debe reconocer esta autoridad y aceptar a Jesús como Salvador.

Dios es la autoridad absoluta y quienes desafían su autoridad serán condenados. La mayor preocupación de Dios en la actualidad es la Iglesia como representante del cuerpo de Cristo, la cual compró con su sangre.

Señor y Dios, que eres la autoridad absoluta,
te damos gracias por darnos la Iglesia que es
el símbolo del cielo en la tierra. También te
damos gracias por mostrarnos tu propósito
por medio de tu Espíritu Santo. Ayúdanos a
obedecer tu autoridad en todo tiempo y a
reconocer la Iglesia como el cuerpo de Cristo.
Te lo pedimos en el nombre de Jesús. Amén.

La amonestación de Dios

Dios, quien creó el mundo y nos ha dado la salvación, nos da además palabras de aliento que nos benefician y nos fortalecen para enfrentar la vida.

Entonces, ¿cuáles son las palabras de estímulo que Dios nos da y cómo hemos de enfrentar la vida?

El sacrificio de una vida santa

En los días del Antiguo Testamento, los israelitas ofrecían animales mediante el derramamiento de su sangre, al poner partes del animal sobre el altar y al quemarlas en sacrificio. De modo que Dios dice: "Que presentéis vuestros cuerpos en sacrificio vivo, santo" (Romanos 12:1). Esto no quiere decir "morid como sacrificio", sino más bien significa ofrecerse en sacrificio uno mismo en completa obediencia a Dios.

Aunque creemos en Dios y recibimos la salvación para llegar a ser sus hijos, si no ofrecemos nuestra vida en sacrificio vivo y en completa sumisión de nuestros deseos humanos y de nuestra voluntad, nos vencerá la avidez y los deseos carnales en la búsqueda del pecado y de la satisfacción mundanal.

Lo que dicen de tales personas los proverbios es cierto: "El perro vuelve a su vómito y la puerca lavada a revolcarse en el cieno" (2 Pedro 2:22).

Jesús murió en la cruz para que no volvamos a ser siervos del pecado. Por lo que Jesús hizo, podemos descansar en Él y orar: "Señor, te ruego que me libres de las ataduras del pecado original."

Cuando oramos de esta manera, el Espíritu Santo se mueve dentro de nosotros para limpiarnos y fortalecer nuestra voluntad a fin de que podamos vencer los deseos de la carne, de la mente y de las tentaciones mundanas.

En realidad, sin embargo, muchos no tienen la capacidad de presentarse delante del Señor para rendirse y arrodillarse ante su autoridad. Ante los ojos de Dios, muchos han conseguido riquezas por vidas corruptas y ofrecen estos sacrificios contaminados al Señor.

En la actualidad, hay trece millones de cristianos en Corea. Pero, ¿cuántos cumplen realmente su papel de luz y sal de la tierra? Ha habido muchas razones para la corrupción imperante en Corea, pero la razón principal es que los cristianos no han logrado cumplir su papel de luz y sal de la tierra.

Quienes profesan fe en Cristo, pero viven como los que son del mundo (pertenecientes al mundo), no se pueden considerar verdaderos cristianos. Desobedecen los mandamientos de Dios y no pueden evitar el juicio. Para una verdadera creencia debe haber una síntesis de una conciencia moral y ética.

Los cristianos deben examinarse a sí mismos en forma completa y luego deben arrepentirse a Cristo. Solo después de un completo autoexamen y del arrepentimiento el cristiano puede ser luz y sal de la tierra y ofrecerse a sí mismo en sacrificio vivo y santo ante el Señor.

El propósito de Dios

"No os conforméis a este siglo, sino transformaos por la renovación de vuestro entendimiento" (Romanos 12:2).

¿Por qué Dios ordena que no seamos de este mundo? Porque este mundo es del malo. Después de la caída de Adán y Eva, este mundo pasó a ser del diablo y el humanismo se convirtió en la fuerza motriz de la vida. A pesar de que la ciencia se ha desarrollado y la cultura ha florecido enormemente, el humanismo conduce al mundo y aún es del diablo.

Originalmente este mundo perteneció a Adán y Eva. Con la caída de Adán y Eva, la autoridad sobre la tierra se transfirió en su totalidad al diablo. Como resultado, este mundo se ha convertido en un lugar donde reinan el mal y el pecado.

Nunca debemos sucumbir al mundo basado en el humanismo secular. Debemos oponernos con firmeza a las opiniones del mundo ateo y volvernos a una vida centrada en Jesús.

Debemos también apartarnos de esta generación mala y mantener nuestra mente llena del Espíritu. Para lograrlo, hay que comprender que todos nuestros pecados fueron lavados en la cruz. Aunque Dios abandonó al hombre, debemos comprender que mediante la cruz de Jesucristo se hizo posible la comunicación y la armonía.

Asimismo debemos comprender que Jesús al encargarse de nuestros fracasos, llevó nuestras enfermedades sobre su cuerpo y nos libró de nuestros males. Por consiguiente, nos permite participar de la bendición de Abraham. Debido a que Jesús triunfó sobre la muerte y resucitó, nosotros también hemos recibido la vida eterna y el derecho de vivir en los cielos con Jesucristo.

Cuando vayamos ante la cruz y nos demos cuenta de tal conocimiento y sabiduría, seremos hechos de nuevo y el Señor nos llenará de una fe viva. Con la fe del sacrificio de Cristo, debemos reverenciar la Biblia y tenemos que aprender a discriminar cuál es el propósito de Dios, que es bueno y justo.

Con nuestros corazones lavados de nuevo, debemos vivir según la voluntad de Dios una vez que la hayamos reconocido. Algunas personas siguen la voluntad de Dios si les trae beneficios en alguna forma, y siguen su propia voluntad cuando la voluntad de Dios no les proporciona algún beneficio. El descrito es un hombre egoísta y su fe no es completa. "Aun si es necesario algún sacrificio de mi parte, seguiré la voluntad de Dios." Cuando vivimos con esta determinación, somos dignos de vivir dirigidos por el Espíritu Santo.

La medida de la fe

Dios ha dado fe a cada cristiano conforme a la medida adecuada para cada persona.

"Digo, pues, por la gracia que me es dada, a cada cual que está entre vosotros, que no tenga más alto concepto de sí que el que deba tener, sino que piense de sí con cordura, conforme a la medida de fe que Dios repartió a cada uno" (Romanos 12:3).

Si vamos más allá de lo que nuestra fe puede controlar, podemos vacilar. Por otra parte, no debiéramos desalentarnos por no tener suficiente fe.

"Pero el que duda sobre lo que come, es condenado, porque no lo hace con fe; y todo lo que no proviene de fe, es pecado" (Romanos 14:23).

Todos los creyentes son útiles. Dios edifica su Reino sobre la tierra llamando a cada cristiano a divulgar el evangelio. No debemos ser perezosos. Debemos perseverar en nuestros esfuerzos por actuar con responsabilidad para la gloria de Dios. No importa cuán pequeña pueda ser la fe de alguien, se fortalecerá a medida que actúa en conformidad con su fe y puede llevar fruto a treinta, sesenta y cien veces en abundancia.

> Ante los ojos de Dios, cada creyente y todo creyente es una ofrenda santa y Dios quiere que todos sean renovados y sigan su voluntad.

Padre Santo, llénanos de tu Espíritu para que
conozcamos tu voluntad y ayúdanos a vivir
según tu voluntad. Te lo ruego en el nombre
de Jesucristo, Amén.

El camino de Dios

Dios tiene un plan para el mundo y para todo lo que en él hay, desde el pasado remoto hasta el futuro. También tiene planes para cada individuo. Debemos inclinar nuestro oído y ser sensibles a la voz de Dios y seguir en consecuencia la voluntad de Dios y sus mandamientos.

¿Cómo podemos vivir una vida conforme a los caminos de Dios?

Para seguir el camino de Dios

Con el fin de andar por la senda que Dios nos ha preparado, tenemos en primer lugar que sintonizar nuestros oídos para oír bien la voz de Dios.

Los israelitas que habían vivido como esclavos durante cuatrocientos treinta años en Egipto, oyeron la voz de Dios que les indicaba el camino que debían seguir. El Dios de Abraham, Isaac y Jacob les dijo que Él se glorificaría en la conducción de los israelitas a la tierra prometida de Canaán, donde la leche y la miel fluían con abundancia.

Sin embargo, los israelitas no conocían el plan de Dios y, cuando se sintieron un tanto incómodos con el éxodo, se quejaron y pidieron regresar a Egipto. A pesar de que Dios les habló por medio de Moisés, endurecieron sus corazones, se rebelaron y desobedecieron la voluntad de Dios.

"Si oyereis hoy su voz, no endurezcáis vuestros corazones, como en la provocación, en el día de la tentación en el desierto, donde me tentaron vuestros padres; me probaron, y vieron mis obras cuarenta años. A causa de lo cual me disgusté contra esa generación, y dije: siempre andan vagando en su corazón, y no han conocido mis caminos" (Hebreos 3:7-10).

Así los israelitas siempre pasaron por alto el camino de Dios y no inclinaron sus oídos hacia Él. Como resultado, Dios los abandonó.

La Biblia nos enseña claramente el camino de Dios.

"Mi embrión vieron tus ojos, y en tu libro estaban escritas todas aquellas cosas que fueron luego formadas, sin faltar una de ellas" (Salmo 139:16)

Dios tiene planes para todos y cada uno de nosotros. Primero, tenemos que entender que Él ha planificado nuestras vidas en toda su plenitud y preparó un camino para que andemos en él; en segundo lugar, tenemos que volver nuestros oídos hacia el Señor.

¿Cómo podemos oír y distinguir su voz?

En esto consiste la obra del Espíritu Santo. Él nos ayuda a reconocer y distinguir el camino que Dios nos ha preparado. El Dios que habló por medio de Moisés nos dirige a cada uno de nosotros por medio de su Espíritu Santo. Nosotros tenemos que confiar siempre y descansar en el Espíritu Santo, sintonizar nuestros oídos para escuchar la voz de Dios y vivir en conformidad con los mandamientos de Dios.

Cómo seguir el camino de Dios

Para conocer y seguir el camino de Dios tenemos que confiar en su Palabra. Debemos buscar ese camino de todo corazón.

Mucha gente primero decide qué rumbo va a llevar su vida y luego piden la ayuda de Dios. En vez de seguir la voluntad de Dios tratan de convencer a Dios de que debe ayudarles en sus propias empresas. Pero ante los ojos de Dios este es un camino errado. No es algo diferente a tenerse uno mismo como señor de su vida y delegar en Cristo la posición de siervo.

Están además los que han encontrado el camino que Dios preparó, pero se niegan a seguirlo para marchar por cualquier camino que ellos quieren. Pablo le escribe a Timoteo: "Porque Demas me ha desamparado, amando este mundo, y se ha ido a Tesalónica, Crescente fue a Galacia, y Tito a Dalmacia" (2 Timoteo 4:10).

Como a ellos, si abandonamos el camino de Dios debido a las penurias y seguimos el camino de los deseos mundanos, Dios nos abandonará finalmente. Porque quienes hemos hallado el camino de Dios no tenemos que desviarnos a diestra ni a siniestra, antes bien, tenemos que seguir el camino hasta el fin.

Aunque no haya pruebas visibles a los ojos, ni sonidos para los oídos, ni sustancia de la cual aferrarse y el camino desciende oscuro como la noche, debemos creer firmemente que el camino que Dios escogió es el más placentero y el mejor para cada uno de nosotros.

Si ponemos nuestra confianza en la Biblia, podemos entender a plenitud cuál es el camino de Dios. Cuando escuchamos, leemos o meditamos en la Palabra de Dios, el Espíritu Santo nos dirige estimulando nuestro deseo de aprender. Entonces, el Espíritu Santo nos abre los ojos completamente y nos lleva a una clara comprensión. Quizás no conozcamos el camino ahora, pero después de orar y esperar, llegaremos a ver con nitidez el camino que debemos seguir.

Antes que llegue la comprensión, lo único bueno que se puede hacer es esperar. Si no esperamos y más bien tratamos de seguir un camino antes que Dios nos muestre el camino preparado para nosotros, tendremos penurias. Si esperamos que muestre el camino, Dios nos mostrará con claridad el camino que Él ha elegido. Por esto David podía proclamar: "Lámpara es a mis pies tu Palabra, y lumbrera a mi camino" (Salmo 119:105).

Cuando se encuentra el camino

Una vez hallado el camino, tenemos que seguirlo en fe y obediencia.

"Y ¿a quiénes juró que no entrarían en su reposo, sino a aquellos que desobedecieron? Y vemos que no pudieron entrar a causa de incredulidad" (Hebreos 3:18-19).

Los israelitas no pudieron entrar en Canaán, tierra que Dios les había prometido, porque no creyeron de todo corazón ni obedecieron al Señor. La única manera de seguir el camino del Señor es por una fe total y completa obediencia.

Ser fiel equivale a esperar el milagro de Dios. Así como Abraham esperó con paciencia el milagro de Dios, tenemos que tener fe en que Dios va a obrar sus milagros.

"El cual [Abraham] es padre de todos nosotros (como está escrito: Te he puesto por padre de muchas gentes) delante de Dios, a quien creyó, el cual da vida a los muertos, y llama las cosas que no son, como si fueran" (Romanos 4:16-17).

Aunque pudiera parecer imposible a la mente humana, debemos tener fe en el Señor que puede crear las cosas de la nada.

"Mas el justo vivirá por la fe; y si retrocediere, no agradará a mi alma" (Hebreos 10:38).

Dios ha hecho planes para cada uno de nosotros desde antes que naciéramos. Mediante la Palabra y la oración tenemos que comprender este plan que Dios nos ha preparado y tenemos que seguir el camino en fe y obediencia.

Oh Jehová, creador del mundo y Señor de
nuestras vidas, queremos conocer el camino
que nos has preparado. Envía sobre nosotros
el Espíritu Santo para que mediante la
oración y la Palabra nos ayude a entender
cuál es nuestro camino y así podamos
seguirlo por la fe. Lo pedimos en el nombre
de Jesucristo. Amén.

2

Jehová Dios, el Pastor

A los diecisiete años estuve al borde de la muerte debido a una enfermedad pulmonar. Mi futuro era oscuro y nada prometedor. Me encontraba en una encrucijada entre la vida y la muerte y llegué a reflexionar sobre la existencia de Dios. "Si Dios realmente existe, ¿dónde está ahora? ¿Podría salvarme aun a mí? Al fin y al cabo, ¿qué ha hecho Dios y qué hace?"

Entonces una "hermana" me condujo a la iglesia y comencé a leer la Biblia por primera vez en la vida. La Palabra y los milagros sobrenaturales me abrumaron tanto, que me dejó maravillado y sin habla. Encontré al Señor por medio de la Biblia y recibí respuesta a todos mis problemas y una nueva vida como don de Dios.

El Dios que obra entre nosotros

Debido a que siempre oramos "Padre nuestro que estás en los cielos", podemos llegar a pensar que Dios está solamente arriba en los cielos. Pero cuando leemos el libro de Génesis sabemos que nuestros primeros padres, Adán y Eva, vivieron en el huerto de Edén y se relacionaban con entera libertad con Dios. Sin embargo, después del pecado de desobediencia, a causa del pecado, ya no podemos relacionarnos libremente con Él.

Entonces, ¿cómo puede una persona hoy en día encontrar a Dios y obedecerle?

El Dios del Antiguo Testamento

En los días del Antiguo Testamento Dios se encontraba con los profetas en los lugares que Él mismo determinaba y según sus métodos.

En el Antiguo Testamento, en la era patriarcal, comenzando con el sacrificio de un cordero por Abel, Abraham, Isaac y Jacob se podía tener comunión con Dios mediante el sacrificio cruento de algún animal sobre el altar.

Durante los cuarenta años del éxodo los israelitas tenían comunión con Dios a través de un altar "velado". Dios ordenó a Moisés que construyera el altar en el tabernáculo, dio leyes a los israelitas y tuvo comunión con ellos.

Después de los días de Salomón, los israelitas podían reunirse con Dios en el templo. Iban al templo en Jerusalén y adoraban a Dios por su compasión y gracia. Pero cuando la gente de Judá comenzó a adorar ídolos, Dios los condenó y los babilonios destruyeron el templo y Jerusalén en el año 586 a.C.

Por setenta años Babilonia los esclavizó y a su regreso reconstruyeron el templo y comenzaron un movimiento para revivir la fe. Pero eso también fue de corta duración y fracasó al poco tiempo. Sin embargo, Dios rompió el período de tinieblas de cuatrocientos años en que cayeron los israelitas y les envió al Mesías prometido.

El Dios del Nuevo Testamento

En los días del Nuevo Testamento, Dios mantiene la comunión con nosotros por medio de Jesucristo. Cristo dijo: "El Padre y yo una cosa somos" (Juan 10:30), y "el que me ha visto a mí, ha visto al Padre" (Juan 14:9). Jesús el Hijo de Dios es el camino por el que llegamos al Padre, es decir, Él es la dirección, el domicilio del Dios vivo.

El lugar de encuentro con Dios, que eran el altar, el tabernáculo y el templo durante el Antiguo Testamento, simplemente eran figura y sombra de Jesucristo. Solo simbolizaban al Jesucristo que iba a venir en el cuerpo físico de un hombre para llevar la cruz por la humanidad y lavar el pecado original del hombre.

Tal como se profetizara en el Antiguo Testamento, Jesucristo murió en la cruz y resucitó al tercer día.

La obra de Dios en la era moderna

El Dios Trino todavía está en acción y hace su obra por medio del Espíritu Santo.

Mucha gente cree que Dios ya no se inmiscuye en el mundo de hoy, pero con eso lo convierten en un puro concepto. No obstante, Dios todavía rige la historia, cumple las promesas hechas al hombre y sigue dirigiendo el curso de la historia.

En Juan 5:17, Jesús dice: "Mi Padre hasta ahora trabaja, y yo trabajo." El Dios del Antiguo Testamento, que separó las aguas del Mar Rojo y derribó los muros de Jericó, es el mismo Dios de hoy y sigue trabajando junto a nosotros.

El reformador Martín Lutero se sentía muy frustrado y desanimado. Al verlo, su esposa se puso un traje de luto y le dijo: "Esposo querido, Dios ha muerto."

Al oír estas palabras Martín Lutero le dijo: "¿Qué blasfemias son esas? ¿El Dios eterno muerto? ¡No debes decir tal cosa ni siquiera en broma!" Su esposa replicó: "Entonces, ¿por qué te muestras tan deprimido y desalentado como si Dios estuviera muerto y ya no existiera?" Solo entonces Martín Lutero comprendió la verdadera intención de las palabras de su esposa, y se arrepintió de su necedad y comenzó a trabajar con renovadas fuerzas.

A veces nosotros también nos desanimamos y nos deprimimos en el mundo. La principal razón es que dudamos de Dios y de su amor.

Mientras creemos en Dios no hay razón para que dudemos de Él ni nos preocupemos por su amor hacia nosotros.

La esperanza no nos avergüenza, "porque el amor de Dios ha sido derramado en nuestros corazones por el Espíritu Santo que nos fue dado" (Romanos 5:5).

En 1 Juan 4:16 se refuerza esto: "Nosotros hemos conocido y creído el amor que Dios tiene para con nosotros. Dios es amor; y el que permanece en amor, permanece en Dios, y Dios en él." El Dios que nos ama todavía, manifiesta hoy su presencia por medio del Espíritu Santo y de esa manera trabaja entre nosotros.

No debiéramos afanarnos por nada, sino más bien creer en Dios y confiar en Él. Dios prepara el camino para sus amados hijos y manifiesta su presencia entre ellos por medio de su Espíritu Santo.

En este mismo momento Dios está entre nosotros y nos ayuda. Por lo tanto, nuestra vida debe conformarse a lo a Él le agrada.

Oh Espíritu Santo, te damos gracias por tu
presencia y por tu obra hoy en día. Te
pedimos que estés con nosotros siempre y que
disfrutemos tus obras a través de nuestra
vida. En el nombre de Jesús. Amén.

Dios el Pastor

Para la vida en este mundo, es extremadamente importante tener buenas relaciones con nuestros semejantes.

Debemos servir con sinceridad a nuestros padres que nos dieron el ser, respetar a nuestros maestros y ancianos, y criar a nuestros hijos como es debido en amor. En todo, las relaciones entre nosotros y los que nos rodean son especialmente importantes.

Las buenas actitudes y relaciones no solo son importantes para nuestra familia y para la vida social. Los cristianos debemos reconocer en forma apropiada nuestras relaciones con Dios y tenemos que desarrollar buenas posturas y actitudes de fe.

Vamos a examinar qué actitud y postura debe asumir el

cristiano para el desarrollo de una buena relación con Dios. Para ello examinaremos la confesión de fe de David.

La confesión de David (primera parte)

David describe su relación con Dios como algo similar a la del pastor con su rebaño. Jesús dice: "Yo soy el buen pastor; el buen pastor su vida da por las ovejas" (Juan 10:11). Como rebaño de Cristo el pastor, los creyentes tenemos que asumir una buena actitud, como David: "Jehová es mi pastor, nada me faltará."

Entonces, ¿a qué se debía que David proclamara que nada le faltaba?

Primero, el Buen Pastor, nuestro Dios, guía su rebaño hacia prados verdes.

El pastor que conduce sus ovejas a prados verdes representa a aquel que se esfuerza por suministrar alimentos y abrigo al rebaño, con lo cual quita tales necesidades y preocupaciones. En otras palabras, David creía que Dios iba a cuidar de todo lo que se relacionara con alimentación y abrigo.

Los pastos verdes para el cristiano de hoy fueron se plantaron y prepararon bajo la cruz de Cristo. El Buen Pastor, el Señor Jesucristo, pagó con su vida nuestra salvación. No solo recibimos la salvación por la gracia de Dios y por la redención de Cristo en la cruz, sino también se nos curó de nuestras debilidades y enfermedades. La maldición se apartó de nosotros a fin de que podamos participar de la maravillosa bendición de Abraham.

Segundo, el Buen Pastor, nuestro Dios, lleva a sus ovejas junto a aguas donde pueden beber y reposar.

Para el creyente de hoy, el "agua" es la cruz de Jesús. Para redimir a los pecadores, las manos y los pies de Jesucristo se clavaron en la cruz. Lo atravesó una lanza, y derramó su sangre y sudor en la cruz. El derramamiento de la sangre de Jesús también hizo brotar el agua de vida para los creyentes. Si nos arrepentimos y nos ponemos a la sombra de la cruz, Jesús nos llena del agua de la vida que da fe, esperanza y amor y nos capacita para llevar una gran vida, libre de necesidades.

Tercero, Dios resucita nuestras almas y nos guía por sendas de justicia.

Mientras vivimos en el mundo, estamos bajo la presión de las preocupaciones, los problemas, la ansiedad, la desesperación y otras persecuciones mundanas. Debido a estas presiones nuestra alma se marchita. Pero si creemos en Dios y confiamos en que es nuestro Pastor, el Espíritu Santo vivifica nuestras almas mediante la Palabra y las oraciones, y nos conduce a las sendas de justicia.

Confesión de David (segunda parte)

Aunque estamos en los pastos verdes que Dios preparó, no siempre tenemos paz y disfrutamos de calma. Aunque nos pastorea en delicados pastos, Dios a veces nos lleva por valles sombríos. Pero si cuando vamos por los valles de sombra de muerte le preguntamos: "Señor, ¿por qué estoy pasando por estos tormentos?", no se puede decir que esa sea una buena actitud hacia Dios de nuestra parte, puesto que Él tiene la autoridad absoluta.

En Romanos 8:28 está escrito: "Y sabemos que a los que a aman Dios, todas las cosas les ayudan a bien, esto es, a los que conforme a su propósito son llamados." Debemos aferrarnos a este versículo sin importar qué situaciones enfrentemos. Tenemos que echar fuera los temores y creer en el amor de Dios por sus ovejas.

No tenemos posibilidad de conocer el vasto plan de Dios en toda su extensión debido a las limitaciones de conocimiento y entendimiento. Pero hay un hecho del que podemos estar seguros: Así como Dios planeó el completo bienestar final de nuestra alma, también tiene planes para nuestro bienestar en todas las cosas de la vida fortaleciéndonos mediante diversas tribulaciones. En los momentos que pasamos por el valle de sombra de muerte debemos recordar que Jesucristo está a nuestro lado y debemos asumir una actitud de confianza.

Confesión de David (tercera parte)

Muchos creyentes cuando están frente a sus enemigos se llenan de resentimiento y odio hacia ellos. Si el enemigo los atacara con su terrible fuerza, perderían todas las esperanzas en sí mismos, se resentirían contra Dios y podrían hasta llegar a renunciar a su fe. Sin embargo, debemos estar firmes frente al peligro inminente del enemigo. Tenemos que ponernos en pie y asumir la postura correspondiente a la fe.

Frente al peligro inminente del enemigo, Dios dispone ante nosotros un festín. Esta es la forma en que Él muestra, en los momentos de peligro, cuánto ama a sus hijos. Cuando nuestros enemigos tratan de molestarnos y dañarnos, tenemos que desechar nuestros sentimientos y actitudes negativos, creer en la fiesta que se nos dará pronto y dar gracias a Dios con alabanzas e himnos. Además, en esos momentos, Dios llena nuestras copas de aceite hasta rebosar.

En la época del Antiguo Testamento solo a los reyes, sacerdotes y profetas se les ungían con aceite. Hoy, a los cristianos que enfrentan el peligro Dios lo llena del aceite de su Espíritu Santo y levanta a sus hijos. Mientras mayor sea el esfuerzo de los enemigos por acabarlos, más llena el Dios vivo sus copas con aceite hasta rebosar, para gloria de su nombre.

Aunque el enemigo quiera que fracasemos en la vida y que muramos, el aceite del Espíritu nos ayuda a ser más fuertes, más activos y llenos de capacidades. Cuando nuestra copa está rebosando con bendiciones, podemos convidar a otros a esta abundancia de bendición.

La confesión de fe de David debe ser nuestra confesión de fe. Dios es nuestro pastor y nosotros somos sus ovejas. Gustaremos de su bondad y misericordia todos los días de nuestra vida.

Oh Dios santo, bendícenos para que
podamos disfrutar de bienestar para nuestra
vida, puesto que tienes planes para el
bienestar final de nuestra alma, como el

pastor procura el bienestar de sus ovejas. En
el nombre de Jesús. Amén.

El Dios que resucita a los muertos

Dios le prohibió algo al primer hombre: "Del árbol de la ciencia
del bien y del mal no comerás; porque el día que de él comieres
ciertamente morirás" (Génesis 2:17).

Al desobedecer el único mandamiento de Dios, Adán acarreó
para sí la muerte e hizo que todo hombre, sus descendientes, na-
cieran con el espíritu "muerto". Nacidos en esa condición, estamos
condenados a luchar toda nuestra vida contra las fuerzas de la
muerte. Al final, sucumbimos físicamente ante la muerte y somos
sus prisioneros, un trágico ciclo vital. No importa cuánto nos esforcemos por evitar la muerte, todos estamos destinados a morir.
Kierkegaard una vez dijo: "El hombre es un ser que vive con una
enfermedad llamada muerte."

El autor de Salmos también observa: "Los días de nuestra edad
son setenta años; y si en los más robustos son ochenta años, con
todo, su fortaleza es molestia y trabajo, porque pronto pasan y vo-
lamos" (Salmo 90:10).

Todavía, el Dios que puede resucitar a los muertos envía su
Espíritu para hacer posible que creamos en Jesucristo con el resultado de la transformación de la muerte definitiva de nuestro cuerpo físico en una vida resucitada y eterna en Dios.

Resurrección de nuestras almas muertas

Adán y Eva, que fueron hechos a la imagen de Dios, podían tener comunión con Él porque sus almas estaban vivas. Sin embargo, la muerte de sus almas la produjo el pecado original y perdieron la capacidad de tener comunión con el Señor. Desde entonces,
aunque físicamente el hombre está vivo, y puesto que su alma está
muerta, no puede conocer a Dios.

Como dice un proverbio: "Frijoles en la huerta de frijoles y maíz en el huerto de maíz", los nacidos de Adán tienen almas muertas como Adán y, aunque conocen el mundo físico, no pueden conocer el espiritual.

Con el fin de vivificar las almas espiritualmente, Dios envió a Jesucristo al mundo. Jesús, íntegro y sin pecado, llevó los pecados del mundo y en su muerte en la cruz pagó el pecado de todos los hombres.

El alma de todo aquel que acepte a Jesús como Salvador será lavada por la sangre de Jesucristo y recibirá el derecho de entrar en el mundo espiritual, el cual no se puede comprender con ninguna cantidad de conocimiento secular. No solo eso, también recibimos paz y felicidad, fe, esperanza y amor, todo eso y la ayuda del Espíritu Santo para vivir en Dios.

Este derecho a la vida espiritual es un maravilloso don de Dios y no se puede comparar con la gloria, el honor y el éxito en el mundo. En cuanto a nosotros, los que hemos sido lavados de nuestros pecados y hemos recibido la nueva vida por el sacrificio de Cristo, tenemos el deber de glorificar a Dios y darle gracias siempre.

La resurrección del cuerpo muerto

No importa cuánto pueda desarrollar la ciencia el hombre, la vida queda fuera de su alcance. Al hombre no le duele el trabajo arduo y el esfuerzo con el fin de disfrutar al máximo del placer y la felicidad. Sin embargo, al final el hombre debe volver a la tierra y convertirse en un puñado de polvo.

Dios se compadeció de esas vidas y envió al mundo a su Hijo unigénito. Por la muerte y resurrección de Jesucristo, confirmó la existencia de vida eterna para el hombre.

En cuanto a los cristianos, tenemos vida eterna después de nuestro paso por este mundo como peregrinos. Si no hubiera vida eterna después de transitar por este mundo, serían inútiles la fe y la esperanza que tenemos.

"Si en esta vida solamente esperamos en Cristo, somos los más dignos de conmiseración de todos los hombres" (1 Corintios 15:19).

Sin embargo, la muerte de Cristo en la cruz y su resurrección fueron las primicias y los que creímos en Cristo también tenemos la oportunidad de la resurrección.

En la Segunda Venida de Jesucristo podremos clamar: "¿Dónde está, oh muerte, tu aguijón? ¿Dónde, oh sepulcro, tu victoria? Ya que el aguijón de la muerte es el pecado y el poder del pecado la ley. Mas gracias sean dadas a Dios, que nos da la victoria por medio de nuestro Señor Jesucristo" (1 Corintios 15:55).

El hombre de fe y obediencia

Cuando desechamos nuestra soberbia, Dios nos convierte en personas de fe y obedientes. El padre de la fe, Abraham, también sufrió el tormento de tener que quebrantar su soberbia para llegar a ser un hombre de Dios.

Abraham sufrió el fracaso y la desilusión en tiempos de sequía y hambruna. En una oportunidad tuvo que entregar su esposa al rey para sobrevivir. Mediante ese tormento Dios quebrantó el ego de Abraham y transformó su vida en una de fe y obediencia.

Mientras nuestro ego domine la mente y la vida, no podremos palpar la obra de Dios. Pero con la destrucción de nuestro ego, Dios toma espiritualmente nuestro control.

Los creyentes tenemos que destruir nuestro ego y aceptar la bendición de Dios.

Mediante la redención de Cristo en la cruz, Dios nos ha dado vida a nosotros, que estábamos destinados a la muerte. Quebranta nuestro ego y nos ayuda a tener una vida de fe y obediencia.

Dios todopoderoso, somos ciudadanos de los cielos, que tenemos vida eterna en Cristo Jesús. Permítenos entrar en el cielo después de nuestro paso por este mundo y ayúdanos a tener una vida llena de bendiciones

mientras estemos en este mundo. En el
nombre de Jesús. Amén.

El Dios que prepara

En la vida en este mundo, que se parece mucho a un desierto, encontramos muchos problemas, grandes y pequeños. Cuando no les podemos encontrar soluciones, vivimos con temor y agonía. Pero cuando hallamos las soluciones y confiamos en ellas, dejamos de temer.

No importa cuán difícil sea el problema, podemos enfrentarlo con resolución y solucionarlo sin perder las esperanzas porque sabemos que Dios ya tiene la solución a nuestro problema aun antes de enfrentarlo.

En los días del Antiguo Testamento

Dios se manifiesta como "el Dios que prepara el camino", aun antes de la creación de todas las cosas en el universo. Dios creó el mundo y todo lo que en él hay antes de crear al hombre. Preparó además el huerto de Edén, donde no existían la destrucción ni el dolor. Esta es la forma en que Dios prepara. En el huerto de Edén, Adán y Eva no necesitaban preocuparse por lo que iban a comer, vestir, ni beber. Mientras creyeron y obedecieron a Dios, disfrutaron del huerto de Edén.

Al considerar el éxodo, podemos tener una mejor comprensión del "Dios que prepara (Yahveh)". Cuando bajo el liderazgo de Moisés llegaron a la costa del Mar Rojo, los tres millones de israelitas sabían que no tendrían barcos que los llevaran a la otra orilla, ni tampoco podrían cruzarlo a nado. El temor los llevó a la desesperación.

Para empeorar las cosas, los soldados egipcios venían tras ellos como un viento furioso, lo que contribuía a su desesperación. En medio de esta situación, Moisés creyó firmemente que Dios prepara los caminos de sus hijos. Pudo decir a gran voz a los israelitas:

"No temáis; estad firmes, y ved la salvación que Jehová hará hoy con vosotros" (Éxodo 14:13). Poco después, de acuerdo con el mandamiento de Dios, Moisés extendió su brazo con la vara en la mano hacia el mar. Entonces Dios separó las aguas con un gran viento y preparó tierra seca en medio del mar para que los israelitas cruzaran en seco.

Los israelitas mostraron gran reverencia y gratitud hacia Dios que preparó el camino para que cruzaran en forma segura el mar. De esta manera Dios ofrece soluciones a los problemas que a veces el hombre es incapaz de imaginárselas.

Después de cruzar el Mar Rojo, los israelitas vivieron casi cuarenta años en el desierto. Mientras vivían allí, los israelitas presenciaron otro milagro sorprendente. Tenía que ver con la comida.

¿Cómo podrían los tres millones de israelitas encontrar en el desierto suficiente comida para todos? Fue posible porque Dios había preparado el camino. Dios hizo que de la roca brotara agua, y del cielo cayeran maná y codornices para satisfacer sus estómagos. Y Dios los llevó a la tierra prometida de Canaán, tierra que fluye leche y miel.

En los días del Nuevo Testamento

La manifestación del plan de Dios para los cristianos es la promesa de salvación. Desde la caída de Adán y Eva, no solo murió el espíritu de los hombres, sino también quedaron destinados a morir sus cuerpos mediante enfermedad y envejecimiento. No solo eso. Los hombres tendrían que sufrir durante su vida en un ambiente ahogado por las espinas entretejidas en la forma de muerte, disolución y odio.

Para salvar al hombre de tales sufrimientos, Dios preparó la salvación. Hace dos mil años envió a Jesucristo, quien vino a este mundo en un cuerpo sin pecado, perdonó a los pecadores, sanó a los enfermos, dio esperanzas y consuelo a los pobres y divulgó el evangelio del Reino de Dios.

Y por el hombre, Cristo dio su vida y pagó por nuestros pecados, enfermedad, condenación y muerte. Jesús cumplió la salvación que Dios preparó para todos los cristianos.

Todo aquel que se arrepienta de sus pecados y acepte a Jesucristo como su Salvador, recibirá perdón, salvación, justicia, esperanza y resurrección.

En las bodas de Caná, cuando se agotó el vino y no había qué servir a los invitados, Jesús convirtió el agua en vino. También en los campos de Betesda dio de comer a una multitud de cinco mil hombres, sin contar a las mujeres y a los niños, con cinco panes y dos peces. Después que la multitud comió, quedaron doce cestas llenas de panes y peces.

A través de estos relatos podemos ver cómo Dios prepara las respuestas para los problemas de los hombres y solo espera que nosotros pidamos su gracia.

"El que no escatimó ni a su propio Hijo, sino que lo entregó por todos nosotros, ¿cómo no nos dará también con él todas las cosas?" (Romanos 8:32).

Nosotros, sus discípulos, somos hijos del Dios que creó los cielos y la tierra y todo lo que en ellos hay. El mismo Dios nos prepara el camino a nosotros y a nuestros hijos, y debemos creer firmemente en Él.

Recibir las bendiciones preparadas

"Cosas que ojo no vio, ni oído oyó, ni han subido en corazón de hombre, son las que Dios ha preparado para los que le aman" (1 Corintios 2:9).

Para recibir todas las bendiciones que Dios nos ha preparado, primero tenemos que amarlo a Él. A los que aman a Dios les corresponde obedecer y poner en práctica las palabras y mandamientos de su Hijo Jesucristo. No se puede considerar verdadero amor a Dios si solo se expresa en palabras, si en realidad no creemos en Él ni llevamos una vida que se conforme a sus deseos.

Para recibir la gracia de Dios preparada para nosotros, tenemos que buscar la "respuesta vertical" más que la "horizontal". La verdadera respuesta no está en el hombre ni en el medio humano, sino en Dios que tiene autoridad sobre el hombre, sobre la historia y sobre la vida después de la muerte.

Cuando enfrenta problemas, ¿dónde busca las respuestas? ¿En otro hombre? ¿En lo que lo rodea? Dios ya ha preparado la respuesta y solo espera que usted acuda. Solo quiere que le pida.

"Pedid y se os dará; buscad y hallaréis, llamad y se os abrirá" (Mateo 7:7).

Además, para recibir todas las bendiciones que Dios prometió, el Espíritu Santo nos debe guiar para esperar con paciencia. Cuando el Espíritu Santo que Dios envió obra en nosotros, nuestros deseos se estimulan, adquirimos plena conciencia y confianza, y se nos abre la puerta de la solución. Solo cuando confiamos a plenitud en el Espíritu Santo y nos guía, Dios nos otorga su gracia y sus bendiciones en el momento que Él juzga oportuno.

> En la vida de este mundo, que es como un desierto, hallamos muchos problemas. Pero, puesto que creemos que el Dios que prepara el camino de sus hijos está con nosotros, no tememos a ningún problema de la vida que se nos pueda presentar.

> *Oh Señor lleno de amor y gracia, ayúdanos a*
> *esperar en ti las respuestas cuando vivimos*
> *en este mundo, que es como un desierto, y*
> *nos encontramos con diversos problemas.*
> *Ayúdanos a tener una vida victoriosa en*
> *Jesucristo. En el nombre de Jesús. Amén.*

Dios nuestro Escudo

Dios está lleno de amor, compasión, bondad y misericordia. Cuida a su pueblo y lo guía a la victoria en las batallas y contesta a los impíos con venganza.

Si examinamos el Antiguo Testamento, vemos que cuando los isráelitas confiaban en Dios y obedecían su Palabra, Él siempre luchaba en favor de ellos y cumplía sus promesas. Ese Dios todavía reina y batalla en favor de los creyentes, que son sus hijos.

Cuando Él lucha por nosotros

Cuando conocemos a Dios y le amamos, Él nos libra de nuestros enemigos y nos exalta delante de ellos.

"Por cuanto en mí ha puesto su amor, yo también lo libraré; le pondré en alto, por cuanto ha conocido mi nombre" (Salmo 91:14).

Además, cuando creemos en Dios y le obedecemos en forma absoluta, Él asume la responsabilidad sobre nosotros y lucha en nuestro lugar. Mucha gente ora: "Oh Señor, ponte de nuestra parte en nuestras luchas." Esta no es una oración justa. ¿Cómo podemos saber que el lado por el que luchamos es el justo ante los ojos de Dios? Cuando oramos, más bien debiéramos decir: Oh Señor, ayúdame a estar de parte de tu justicia y ayúdame a tener una vida de fe y obediencia." Cuando oramos así, estamos del lado justo, del lado de Dios, y Él lucha en favor de todos los que están de esa parte.

En la Biblia se compara a los hijos de Dios con las ovejas (Salmos 77:20; 78:52). Las ovejas no tienen cuernos, ni dientes agudos ni garras. Las ovejas no tienen medios de defensa y si no fuera por su pastor se encontrarían completamente indefensas.

De la misma manera, si Jesús no nos protege en cada momento con el poder de Dios, no podríamos defendernos nosotros mismos. Por eso es que Él aparece como nuestro fuerte defensor y el victorioso Jehová que nos protege y nos guía.

La lucha por sus hijos

En Éxodo 14, después de cuatrocientos treinta años de esclavitud en Egipto, los israelitas reciben la libertad y van a la tierra prometida de Canaán, tierra que fluye leche y miel; todo por la gracia bendita de Dios y por su plan.

En el camino a la tierra prometida, se enfrentaron con el problema de tener que cruzar el Mar Rojo. Sin embargo, no había barcos ni puentes que pudieran usar. Para hacer más profunda su miseria, los ejércitos de Faraón los perseguían con frenesí para recapturarlos. Ellos comenzaron a quejarse de Moisés y preguntaban: "¿No había sepulcros en Egipto que nos trajiste al desierto para que muramos?"

En medio de toda esta miseria y resentimiento, Moisés oró a Dios y dijo a la gente: "No temáis; estad firmes, y ved la salvación que Jehová hará hoy con vosotros; porque los egipcios que hoy habéis visto, nunca más para siempre los veréis" (Éxodo 14:13).

Este versículo claramente nos dice que Dios pelea por sus hijos; Él es el Jehová de las batallas.

Entonces Moisés levantó su vara hacia el Mar Rojo y Dios hizo que las aguas se dividieran. De esta manera los israelitas pudieron cruzar el Mar Rojo. En cuanto al ejército de Faraón, que siguió a los israelitas y entró en el Mar Rojo, Dios hizo que las agua se reunieran de nuevo y ahogaran a todos sus hombres.

Dios todavía vive y obra; todavía lucha por nosotros. Tenemos que creer en este Dios que hoy lucha por nosotros y nos lleva a la victoria.

Victoria por medio de la alabanza

En la Biblia hay un relato maravilloso de una batalla (2 Crónicas 20).

Durante el reinado de Josafat, rey de Judá, los ejércitos combinados de Moab y Amón vinieron a invadir a Judá después de exhibir sus fuerzas por la tierra. Judá no tenía capacidad para oponerse al ejército invasor y se llenó de temor.

El rey Josafat proclamó ayuno para todo el pueblo y fue al templo a orar al Señor. Mientras Josafat y el pueblo clamaban en los terrenos del templo, Dios dio a conocer su presencia por medio de un levita, Jahaziel, que estaba entre ellos y habló por su boca.

"Oíd, Judá todo, y vosotros moradores de Jerusalén, y tú, rey Josafat. Jehová os dice así: No temáis ni os amedrentéis delante de esta multitud tan grande, porque no es vuestra guerra, sino de Dios. Mañana descenderéis contra ellos; he aquí ellos subirán por la cuesta de Sis, y los hallaréis junto al arroyo, antes del desierto de Jeruel. No habrá para qué peleéis vosotros en este caso; paraos, estad quietos y ved la salvación de Jehová con vosotros. Oh Judá y Jerusalén, no temáis ni desmayéis; salid mañana contra ellos, porque Jehová estará con vosotros" (2 Crónicas 20:15-17).

Jehová hizo una promesa a través de uno de sus profetas, en el sentido de que pelearía con decisión por ellos. Cuando el pueblo se arrepiente y busca sinceramente a Dios, Él protege a su pueblo con un corazón lleno de amor y compasión, y mediante sus grandes poderes.

Después de oír las palabras de Dios, Josafat tuvo una consulta con el pueblo y formó un coro. En seguida puso al coro delante del ejército y se acercó a los enemigos invasores, como Dios le había mandado por medio del profeta. En cuanto los incontables enemigos iniciaron la carga para atacar al ejército de Judá, todo el pueblo comenzó a cantar alabanzas a Dios.

Tan pronto como comenzó el canto, Dios puso contra sus enemigos sus propias emboscadas y los ejércitos aliados se atacaron entre sí. Los ejércitos de Amón y Moab se levantaron contra el ejército de Seir para destruirlo. Destruido el ejército de Seir, esos ejércitos se volvieron uno contra el otro y se mataron entre sí.

Cuando el pueblo de Judá entró en el campo de batalla, solo había cadáveres en todas partes y ningún sobreviviente. El milagro de Dios hizo que hubiera confusión y agonía entre los enemigos que los condujo a su propia destrucción.

Cuando los enemigos nos atacan, es fácil deprimirnos y sentirnos pesimistas. Pero mientras más grande sea la dificultad que enfrentemos, mayor debe ser la fe con que cantemos alabanzas a Dios.

"Pero tú eres santo, tú que habitas entre las alabanzas de Israel" (Salmo 22:3).

Disponernos a cantar alabanzas durante las noches más oscuras de nuestra vida no es fácil. Pero si lo hacemos, Dios las escucha y obra sus milagros. La alabanza invoca al Espíritu Santo y abre las puertas para que los siervos de Dios hagan su obra.

A Pablo y Silas los capturaron por predicar el evangelio, los llevaron a la cárcel y los golpearon hasta dejarlos inconscientes. Atados de manos y pies, los pusieron en una celda. Sin embargo, no desesperaron. En vez de eso, seguían despiertos a medianoche y oraban a Dios y le cantaban alabanzas. Los cantos de alabanza despertaron a todos los prisioneros, lo cuales escucharon sus alabanzas.

Luego se produjo un gran terremoto que sacudió los cimientos de la cárcel e hizo que se abrieran las puertas y todos los prisioneros quedaran en libertad.

¿Por qué el canto de alabanzas produce tales milagros? Esas alabanzas representan la fe que cree en la victoria de Dios aun en la más angustiosa de las situaciones, y una fe de ese tipo glorifica al Dios omnipotente.

Dios nos ha salvado por la sangre de Jesucristo, destruyó a sus enemigos con su diestra poderosa y nos ha bendecido con su gracia. Debemos alabar al Señor que nos ha salvado la vida y debemos confiar en Él.

Oh Señor omnipotente, creemos en ti, que eres el escudo y conductor de nuestra vida. Ayúdanos a que, confiados en ti, tengamos una vida victoriosa, puesto que luchas a nuestro favor, para que no desesperemos, no importa cuál sea nuestra situación. En el nombre de Jesús. Amén.

3

La imagen de Dios

No es posible conocer a Dios a través de alguno de los sentidos del hombre porque no se le puede ver, ni oír, ni sentir. Para conocer a Dios tenemos que aprender de Él mediante su Palabra. Entonces, ¿qué decimos de la imagen de Dios?

Primera imagen

Después que salió de Judea con rumbo a Galilea, Jesús pasó por una ciudad de Samaria. Allí junto a un pozo encontró a una mujer. Había tenido cinco maridos y ahora vivía con su sexto marido. Estaba cansada de la vida y tenía sed por algo que desconocía.

Cuando se dio cuenta de su sed, Jesús le dijo: "Cualquiera que bebiere de esta agua, volverá a tener sed; mas el que bebiere del agua que yo le daré, no tendrá sed jamás; sino que el agua que yo le daré será en él una fuente de agua que salte para vida eterna" (Juan 4:13-14). Esta mujer, al conocer a Jesús, sació su sed de vida y las aguas brotaron en lo profundo de su corazón. Con el agua de vida que le brotaba del corazón, la mujer dejó el cántaro y corrió hacia la ciudad para dar testimonio de Jesucristo.

Gracias a esta historia podemos ver que Dios brinda la respuesta para nuestro más profundo problema. El problema más grave que el hombre enfrenta es el pecado original.

Cada hombre ha pecado y está destituido de la gloria de Dios (Romanos 3:23).

Todos tenemos la falta espiritual (la sed) como la samaritana, y no podemos saciarla por nuestros medios. Jesús conocía bien la sed espiritual que cada hombre tiene. Puesto que la sed no puede saciarse por ningún medio en este mundo, Jesús no condenó a la samaritana por su pecado, sino que en cambio le ofreció la solución necesaria para la redención de su alma.

Dios quiere perdonarnos y salvar nuestra alma antes que condenarnos.

Segunda imagen

Después de la caída de Adán en el huerto de Edén, el cuerpo y el alma del hombre sufren una enfermedad fatal. Debido a la ruptura de la relación con Dios, el cuerpo y el alma del hombre perdieron su armonía, o sea, el balance entre ambos desapareció. Esto condujo a la inevitable condición de enfermo del hombre.

En la actualidad, el hombre gime de dolor por diversas clases de enfermedades. Además de las enfermedades del cuerpo, el hombre padece de otras enfermedades de la mente provocadas por el pecado original, la pérdida de propósito, la sensación de inutilidad y el temor a la muerte.

De esta manera el hombre seguía sufriendo sin esperanza. Para quienes vivimos hoy, lo más importante de la vida es el tratamiento de esta enfermedad.

Entonces, ¿quién será el que cure al hombre sufriente de esta desesperanza y discordia?

Esa persona es el mismísimo Señor Jesucristo que vino al mundo a divulgar el evangelio celestial y trató a muchos enfermos mientras estuvo en este mundo. Luego murió en la cruz en nuestro lugar para redimirnos del pecado original y para curar la discordia entre cuerpo y alma. Si alguien va a Jesús, el más grande de los doctores, Él tratará todas las enfermedades que tenga.

Un día invitaron a Jesucristo a las bodas de Caná. Mientras la fiesta estaba en su apogeo, se les agotó el vino. Esta era una situación grave para los novios que iniciaban juntos una nueva vida ese día. Fue entonces que Jesús cambió el agua en vino y resolvió el problema que enfrentaban los novios.

Este fue el primer milagro que Dios realizó (Juan 2:1-11). ¿Por qué Jesús decidió convertir el agua en vino como su primer milagro? Una explicación es que quería mostrarnos la importancia de la institución de la familia y que Dios transforma nuestro medio a la vez que nuestro destino.

Jesucristo es el Hijo que Dios nos envió. "De modo que si alguno está en Cristo, nueva criatura es; las cosas viejas pasaron; he aquí todas son hechas nuevas" (2 Corintios 5:17)

Tercera imagen

En lo que a Dios respecta, no hay absolutamente ningún lugar para el pecado. Aunque no puede tolerar el pecado, tiene piedad del pecador. ¿Cuál es la evidencia de esto? Dios envió a su Hijo para que cargara la cruz por los pecadores y, como resultado, toda persona que se arrepiente recibe el perdón de sus pecados.

Mientras derramaba hasta la última gota de sangre, Jesús en la cruz clamó: "Dios mío, Dios mío, ¿por qué me has desamparado?" (Marcos 15:34). Ni siquiera un solo pecado manchó a Jesucristo. Sin embargo, lo condenaron con rudeza para adquirir nuestra redención (2 Corintios 5:21).

Para quienes se niegan a recibir a Jesucristo y su gracia inmensurable, no queda otra opción que recibir la ira y el juicio de Dios.

Cuarta imagen

Entre padre e hijo existe una relación natural que es irrompible. Sin importar lo feo ni malformado que el niño sea, el padre mira a su hijo con amor y lo considera muy precioso. Este amor existe entre el padre y su hijo. Cuánto mayor es el amor de Dios por sus hijos.

Después de resucitar, Jesucristo se presentó ante María Magdalena y le hizo una petición.

"Mas ve a mis hermanos, y diles: Subo a mi Padre y a vuestro Padre, a mi Dios y a vuestro Dios" (Juan 20:17).

Este versículo quiere decir que Dios ha llegado a ser nuestro Padre por el poder de la redención y de la resurrección de Jesucristo. Quienes han aceptado a Jesús como Salvador son hijos de Dios.

A todos los que recibieron a Jesucristo y creen en su nombre, se les concedió el derecho de convertirse en hijos de Dios, no por descendencia natural ni por decisión humana o la voluntad de un marido, sino por nacer de Dios (Juan 1:12-13).

Por consiguiente, hay una relación inquebrantable entre Dios y nosotros.

Dios nos ha perdonado por ser pecadores y nos ha hechos hijos suyos. En seguida aparece delante de nosotros para cambiar nuestro medio y nuestro destino

*Oh Dios vivo, te invocamos. A través de la
sangre de Jesucristo hemos llegado a ser tus
hijos. Permítenos tener una fe confiada y
ayúdanos a vivir como un hijo tuyo debe
hacerlo. En el nombre de Jesús. Amén.*

¿Quién es Dios? (primera parte)

La tragedia más grande del hombre es que su relación con Dios se quebrantó y perdió la capacidad de tener comunión con Él. En el principio, el hombre conocía íntimamente a Dios y se creó con el propósito tener comunión y vivir con Él. Sin embargo, debido al primer pecado, la relación con Dios se rompió.

Oseas clama ante los israelitas impenitentes: "Y conoceremos y proseguiremos a conocer a Jehová; como el alba está dispuesta su salida, y vendrá a nosotros como la lluvia, como la lluvia tardía y temprana a la tierra" (Oseas 6:3).

Entonces, ¿quién es exactamente este Dios en el que creemos?

El Dios de Abraham

El Dios de Abraham es el "Dios que cuida". Dios llamó a Abraham de la tierra de los ídolos, Caldea. No solo lo llamó y eligió, sino que le reveló también su propósito y, por medio de sus palabras, lo condujo por la vida.

Además, Dios permitió que Abraham echara raíces en Canaán y que su descendencia floreciera en esa tierra. Y por medio de un descendiente de su genealogía, David, nació el Mesías para que todos los pueblos del mundo recibieron la bendición de Dios.

Entonces, ¿cómo nos impacta el Dios de Abraham y qué significado tiene para nosotros hoy?

El Dios de Abraham es el "Dios bondadoso" que se preocupa de nosotros en todas las cosas. Dios hizo sus planes y eligió a sus hijos aun antes del Génesis. Así como se preocupó de todos los años de la vida de Abraham, también cuida nuestra vida y lo ha predestinado todo en ella.

"Tal conocimiento es demasiado maravillosos para mí; alto es, no lo puedo comprender" (Salmo 139:6).

Aunque no podamos comprenderlo, Dios ya ha hecho los planes para nuestra vida conforme a su propósito. En respuesta, debemos dejarnos guiar por el cuidado maravilloso de Dios de manera que nuestra vida le glorifique.

El Dios de Isaac

El Dios de Isaac es "el Dios que provee". Cuando Abraham aún no tenía hijos, le dijo: "Ciertamente Sara tu mujer te dará a luz un hijo, y llamarás su nombre Isaac; y confirmaré mi pacto con él como pacto perpetuo para sus descendientes después de él" (Génesis 17:19).

Por obra de Dios, Abraham concibió su hijo Isaac a los cien años de edad. Sin embargo, cuando Isaac era un adolescente, Dios ordenó a Abraham que ofreciese a Isaac como sacrificio en un lugar que Él había escogido.

Al oír el mandato, Abraham obedeció de inmediato. Ascendió hasta el monte que Dios eligió, levantó un altar, ató a Isaac sobre el mismo y levantó el cuchillo para clavárselo a Isaac.

En ese momento, Abraham oyó la voz de Dios: "No extiendas tu mano sobre el muchacho, ni le hagas nada; porque ya conozco que temes a Dios, por cuanto no me rehusaste tu hijo, tu único" (Génesis 22:12).

Abraham levantó la vista y vio un carnero trabado por los cuernos en los arbustos que trataba de librarse. Abraham tomó el carnero que Dios había preparado y lo ofreció en sacrificio. De manera que Abraham llamó al lugar Jehová Jireh. Después de tener tal experiencia personal con Dios, Isaac obedeció por completo a Dios y recibió abundantes bendiciones como recompensa. A los cuarenta años, Isaac se casó con Rebeca, a quien Dios había preparado, y prosiguió la tarea inconclusa de Abraham.

El Dios de Isaac es el mismo Dios que conocemos en la actualidad. Si creemos plenamente y obedecemos al Dios que prepara, recibiremos incontables bendiciones, como Isaac.

El Dios de Jacob

El Dios de Jacob es "el Dios que quebranta". Por un tiempo Jacob confió en su astucia y sus artimañas solo para sufrir una agonía indescriptible. Sin embargo, después que Dios lo quebrantó, se convirtió en un humilde siervo suyo.

Con un plato de lentejas, Jacob se apoderó del derecho de primogenitura de su hermano y engañó a su padre para recibir su legado. Temeroso de la ira de su hermano, huyó a refugiarse en casa de su tío por parte de madre. Allí su tío lo engañó y pasó los siguientes veinte años hasta que finalmente pudo regresar a su tierra con su familia y un rebaño de animales (Génesis 31:40-55).

Temeroso aún de la ira de su hermano, luchó toda una noche

con un ángel de Dios poniendo en riesgo su propia vida. Durante la lucha, el ángel le tocó la cadera y lo dejó cojo por el resto de su vida. En realidad, después de esto es que Jacob recibe el nombre bendito de "Israel" y recibe la verdadera fe que lo llevó a ser completamente dependiente de Dios (Génesis 32:28).

Más tarde Dios toca el corazón de su hermano, que con la espada preparada esperaba el regreso de Jacob. Solo después del cambio en el corazón de su hermano es que Jacob pudo tener un maravilloso y emotivo encuentro con él.

Así, la vida de Jacob es una vida de continuo quebranto. A través de tales torbellinos, Jacob quebrantó su ego y se fortaleció en la fe que confía en Dios. Con el tiempo llegó a ser el padre de las doce tribus de Israel (Génesis 35:9-12).

Aun en el día de hoy, Dios quebranta nuestro ego y mezquindad a través de privaciones y sufrimientos. Esto nos acerca más a la imagen de Cristo y nos prepara para que Dios nos use como sus siervos con el objetivo de llevar a cabo sus planes.

Dios tiene una naturaleza que cuida todas las cosas y ofrece las bendiciones que ha preparado para los que creen en Él y le obedecen. Mediante las privaciones, nos moldea a la imagen de Jesucristo.

Oh Señor, que nos cuidas en todas las cosas
y nos concedes armonía en la vida y en la
muerte, permite que no solo creamos en ti y te
obedezcamos formalmente, sino que nos
moldees para ser verdaderos creyentes que
obedezcan toda tu voluntad.
En el nombre de Jesús. Amén.

Quién es Dios (segunda parte)

Hay personas que creen equivocadamente que Jehová es un Dios estricto que condena. Sin embargo, es el mismo Dios que nos envió a Jesucristo por amor. Es el mismo Dios que redimió nuestras almas del juicio por medio de la sangre de Jesucristo, así como es el que nos protege durante toda nuestra vida por la presencia de su Espíritu Santo.

Si no conocemos ni entendemos bien a Dios, no podemos tener comunión con Él, ni podemos esperar recibir todas sus bendiciones. Examinemos quién es Dios.

El Dios bueno

En la actualidad muchos cristianos no pueden creer que "Dios es bueno". Muchos lo consideran equivocadamente como un Dios de terror, el Dios que nos persigue, que quita lo bueno, que se agrada en vernos sufrir, que está tan lejos que no se preocupa de nosotros. Esto impide que tengamos una profunda relación personal con Dios.

En Efesios 3:20 dice: "Y a Aquel que es poderoso para hacer todas las cosas mucho más abundantemente de lo que pedimos o entendemos, según el poder que actúa en nosotros." Para tener una relación profunda y personal con Dios, tenemos que revisar nuestras falsas creencias.

En primer lugar tenemos que aprender, mediante la Biblia, que Dios es bueno y debemos creerlo. Si alguien ha leído la Biblia desde Génesis hasta Apocalipsis como es debido, nada tendría que oponer ni podría negar que nuestro Padre Dios es en verdad un Dios bueno.

Podemos también aprender acerca de nuestro Dios por medio de Jesucristo. El Señor dijo: "¿Tanto tiempo hace que estoy con vosotros, y no me has conocido, Felipe? El que me ha visto a mí, ha visto al Padre" (Juan 14:9).

A dondequiera que iba, Jesús perdonaba a los pecadores, echaba fuera malos espíritus, sanaba enfermos y resucitaba muertos. Y de acuerdo con la voluntad de Dios, Jesús llegó al punto de sacrificar su vida en la cruz para dar salvación a todos.

Cuando miramos la inmensa bondad de Jesucristo, podemos estar seguros que la bondad de Dios supera toda descripción.

Jesús además dijo: "¿Qué hombre hay de vosotros, que si su hijo le pide pan, le dará una piedra? ¿O si le pide pescado, le dará una serpiente? Pues si vosotros, siendo malos, sabéis dar buenas dádivas a vuestros hijos, ¿cuánto más vuestro Padre que está en los cielos dará buenas cosas a los que le pidan?" (Mateo 7:9-11). Jesús describe a Dios como el Padre celestial que da buenas cosas.

Sabiendo esto, tenemos que cambiar los falsos conceptos que tengamos de Dios. Cuando lo hagamos, tendremos una relación profunda y personal con Él y una vida de paz, felicidad y libertad.

El Dios justo

Que Dios sea bueno no significa que Él va a cerrar los ojos para aceptarnos ciegamente si vivimos a nuestro antojo a la vez que cometemos diversos pecados. Puesto que también es un Dios justo, no podemos eludir su juicio cuando pecamos contra Él.

La justicia de Dios la podemos ver con claridad en la cruz de Jesucristo: "Siendo justificados gratuitamente por su gracia, mediante la redención que es en Cristo Jesús … con el fin de manifestar en este tiempo su justicia" (Romanos 3:24,26).

Dios quiso que su Hijo unigénito Jesucristo llevara la cruz para salvar al mundo. Quiso que llevara los pecados del hombre, de todos los tiempos, pasado, presente y futuro, y juzgó a Jesucristo sin misericordia. La inmensa agonía en la cruz hizo que Jesús exclamara: "Dios mío, Dios mío, ¿por qué me has desamparado?" (Mateo 27:46).

¿Por qué Jesús, que no tenía pecado, tuvo que sufrir tal angustia? Por redimir a toda la gente y hacer un sacrificio en pago por los pecados.

Para tener una relación personal con Dios tenemos que apartarnos decididamente del camino del pecado. Cuando se trata del pecado, Dios no negocia ni regatea. No importa cuán pequeño sea el pecado, tiene en cuenta la otra vía. En 1 Tesalonicenses 5:22 encontramos: "Absteneos de toda especie de mal."

Para una relación profunda con Dios tenemos que arrepentirnos resueltamente de nuestros pecados y lavarnos con la sangre de Jesucristo. Esto se debe a que nuestro Dios es muy justo.

El Dios que hace bien mediante la cooperación

"Y sabemos que a los que aman a Dios, todas las cosas les ayudan a bien, esto es, a los que conforme al propósito son llamados" (Romanos 8:28).

Los que Dios ha llamado conforme a su voluntad son los que aman de verdad a Dios. Entonces, ¿cómo podemos saber que amamos verdaderamente a Dios?

En 1 Juan 5:3 está escrito: "Pues este es el amor a Dios, que guardemos sus mandamientos; y sus mandamientos no son gravosos." Si verdaderamente amamos a Dios, debemos actuar según la Biblia, la cual Dios nos ha dado como sus mandamientos. En gran medida es como el mandamiento que nos dio Jesús de "poner en práctica el amor".

Para hacerlo, debemos llevar una vida de amor a Dios y al prójimo que se demuestra con la ayuda a los pobres y la predicación del evangelio. A través de la felicidad, la oración, la gratitud y la esperanza.

¿Cómo ha entendido a Dios hasta ahora? Por ventura, si ha tenido una falsa imagen de Dios, este es el momento de reconsiderar su imagen de Dios.

Oh Dios omnipotente, gracias por darnos a conocer tu bondad y justicia y que tú obras en cooperación con nosotros para cumplir tu voluntad. Ayúdanos a conocerte verdaderamente a fin de que podamos tener una profunda comunión 4contigo. En el nombre de Jesús. Amén.

Dios es amor

En la vida de una persona, la cosa más preciosa e importante del mundo es el "amor". Una familia sin amor es como un estéril desierto. No importa cuánto dinero tenga, una buena obra sin amor es solo un espectáculo. El consejo y la amonestación dada sin amor no pueden estimular ningún deseo ni cambio en la persona.

Una familia que sencillamente vive con amor es mucho más feliz que una familia que vive en la abundancia, pero sin amor. Las relaciones basadas en el amor y en la comprensión ayudan a todos los miembros del grupo a crecer y fortalecerse. Las buenas obras y la ayuda dadas con amor dan fruto hermoso y abundante.

"Y ahora permanecen la fe, la esperanza y el amor, estos tres; pero el mayor de ellos es el amor" (1 Corintios 13:13).

Dios es amor

A pesar de que todos somos pecadores, Dios nos ha amado profundamente.

"Siendo aún pecadores, Cristo murió por nosotros" (Romanos 5:8).

En este mundo, ¿quién iba a dar su vida por un pecador o morir en lugar de su enemigo?

Jesús murió en la cruz clavado de manos y pies, mientras su sangre brotaba de heridas que había por todo su cuerpo, para limpiarnos del pecado.

Para curarnos de la enfermedad del pecado original, Jesús sufrió azotes; para darnos paz a los pecadores, recibió el castigo; para darnos bendición, llevó la corona de espinas. Para enriquecernos, se hizo pobre; para darnos paz y felicidad, bebió la copa de la agonía y la desesperación.

En este mismo momento, Jesús llama a todos los que llevan pesadas cargas: "Yo soy el pan de vida; el que a mí viene, nunca tendrá hambre; y el que en mí cree, no tendrá sed jamás" (Juan 6:35). Si comprendemos el gran amor de Jesucristo y nos ponemos de pie delante de Él, nuestros perversos corazones se quebrantarán y se enternecerán con el gran amor de Cristo. Nos transformaremos de pecadores a personas justas.

Un lugar vacío se llena de amor

Cuando nuestra vida se llena del amor de Dios, podemos hallar la verdadera felicidad.

San Agustín confiesa: "Todo hombre tiene un espacio vacío que solo Dios puede llenar. Mientras ese lugar no se llene, no puede ser verdaderamente feliz." Aunque una persona adquiriera todas las riquezas del mundo, tuviera estado social y fama, no podría sentirse feliz por completo. Solo cuando se recibe el amor de Dios se experimenta verdadera satisfacción y felicidad.

Nos da gran fortaleza saber que Dios nos creó y nos ama. También nos sentimos confiados cuando tenemos la mente puesta en que Dios nos considera a cada uno más importante que el universo.

Un hombre vivía lleno de resentimiento y lamentos por su condición miserable en la vida. Siempre era pesimista en lo que se refería a su vida, y atacaba y criticaba a los demás. Un día, por recomendación de un amigo, fue a la iglesia. Aun en la iglesia no podía abandonar su pesimismo y esto causó mucha tristeza al pastor. El hombre a veces hería el corazón de los demás miembros de la iglesia.

Un día estaba leyendo la Biblia cuando se descubrió a sí mismo y vio que era un miserable "puerco espín". Se sintió muy avergonzado y se arrepintió delante del Señor. Durante su oración, el Espíritu Santo lo llenó. Experimentó por primera vez la manifestación del Espíritu Santo, algo que antes solo conocía de oídas, y pensó: "¿Quién soy yo para que Dios llevara la cruz y muriera por mí? Con esto en mente, se arrepintió de todos sus pecados.

Se arrepintió de su actitud pesimista hacia la vida y de haber dañado a otros con sus palabras y hechos. Adoptó en cambio una actitud positiva y de amor hacia el prójimo. Esto lo llevó a sentir el llamado a estudiar teología y ahora es un siervo de Dios, un testigo del evangelio.

¿Qué motivó el cambio de su vida en una vida feliz? El amor de Dios que rebosaba en el corazón de este hombre. Esto también creó una vida bendita y digna en este hombre.

El amor al prójimo

Como testigos, tenemos que difundir este maravilloso amor de Dios al prójimo lejano y al cercano.

Todos tenemos el deseo de decirle a otros nuestra experiencia motivados emocionalmente o por gratitud por alguien o por algo. Una sonrisa y un saludo cordial, que reflejan una persona que ha amanecido en una mañana luminosa, renovada para la vida, son solo pequeñas manifestaciones de felicidad. Sin embargo, mientras más comunicamos esta felicidad, mayor es el sentido de dignidad que nuestra vida recibe.

Siendo así, ¿cómo es posible que permanezcamos como únicos poseedores del inmenso amor de Jesucristo? Debemos ser testigos de este evangelio de la vida y debemos difundir su mensaje extensamente.

Si amamos solo a los que nos aman, no somos mucho mejores que los que no aman a Dios. Jesús dice: "Amad a vuestros enemigos y orad por los que os persiguen" (Mateo 5:44). Esto nos dice que debiéramos amarlos con el amor de Cristo para quien no es posible amar en términos humanos. Cuando tratamos de amar a los que nos pisotean, nos insultan y nos atacan, Dios en los cielos se siente feliz.

"Si alguno dice: Yo amo a Dios, y aborrece a su hermano, es mentiroso. Pues el que no ama a su hermano a quien ha visto, ¿cómo puede amar a Dios a quien no ha visto? Y nosotros tenemos este mandamiento de Él: El que ama a Dios, ame también a su hermano" (1 Juan 4:20-21).

El amor de la cruz es un amor que no se puede dar ni experimentar con un corazón puramente humano. Para disfrutar y dar el amor de la cruz necesitamos la ayuda del Espíritu Santo.

"Y la esperanza no avergüenza; porque el amor de Dios ha sido derramado en nuestros corazones por el Espíritu Santo que nos fue dado" (Romanos 5:5).

Debemos llenar nuestros corazones con el amor de Dios para que el Espíritu Santo se derrame en nosotros y debemos manifestar este amor al prójimo.

El verdadero amor no es de este mundo. El verdadero y eterno amor es aquel de Dios que se nos da mediante el amor de Jesucristo.

Oh Dios, cuyo amor y compasión no tienen
límites, te damos gracias por tener
compasión de nosotros cuyo destino es volver
al polvo del cual fuimos hechos, y por darnos
la vida eterna por medio de nuestro Señor
Jesucristo. Ayúdanos a sentirnos motivados
por este amor y a darlo a conocer al prójimo.
En el nombre de Jesús. Amén.

Las bendiciones de Dios

Pablo pedía a Dios en oración que bendijera a Timoteo; poco después Dios bendijo a Timoteo.

El sentido original del nombre Timoteo es "reverencia a Dios". Aunque este nombre se le pone a algunos individuos, cuando consideramos el significado del nombre, vemos que nos corresponde a todos los cristianos que glorificamos a Dios. En otras palabras, la bendición que Dios dio a Timoteo es la misma que nos da a todos nosotros.

Entonces, ¿cuáles son las bendiciones que Dios da a los que están en Jesucristo?

Bondad

La palabra "bueno" viene de la palabra griega kalos. El sentido original de la palabra es "hermoso" y "como el amor". Sin embargo, el uso cristiano de la palabra representa el perdón y el amor de Dios que nos dio la salvación, la que fue posible por medio de Jesucristo.

Sin esta bondad, hoy no habría salvos. Esto se debe a que no hay un hombre que pueda ser justo en conformidad con la ley de Moisés y su conciencia.

Por los méritos de la sangre de Cristo se nos considera justos y nos convertimos en hijos de Dios. Por eso no debemos ser arrogantes.

"Pero tenemos este tesoro en vasos de barro, para que la excelencia del poder sea de Dios, y no de nosotros" (2 Corintios 4:7).

Las palabras "vasos de barro" y "tesoro" expresan que el hombre no tiene valor y solamente por el poder y la gracia de Dios, nuestra vida puede llegar a ser de alabanza y recibir valor.

Pablo habla de sí mismo como "abortivo" (1 Corintios 15:8) y "por la gracia de Dios soy lo que soy" (1 Corintios 15:10). Mientras más comprendamos nuestra debilidad, más comprenderemos el poder y la grandeza de Dios.

Los que encuentran felicidad en el Señor, a quienes Él tiene como tesoros, son personas que han llegado a comprender la gracia de Dios. El perdón de nuestros pecados, el llegar a ser hijos de Dios, recibir la vida eterna y convertirnos en ciudadanos de los cielos, son bendiciones que no se debieron a que fuéramos dignos. Debemos comprender que estas cosas llegaron a ser una realidad por la gracia del Señor.

Compasión

La compasión se refiere al corazón que siente piedad. Sin la compasión de Dios, no podríamos escapar del castigo del pecado. Sin embargo, Dios no nos trata según sus leyes, sino, como los padres se compadecen de sus hijos, Él se compadece de nosotros y nos trata con un corazón de misericordia.

Aunque nuestro Señor es un Dios de justicia y juicio, también nos mira con compasión y con espíritu perdonador. Es un "Dios de amor y de perdón". La compasión de Dios no es un concepto abstracto ni una idea. Es una compasión que afecta nuestra vida y que se puede ver a través de la bondad de Dios.

Por lo tanto, debemos tener compasión de nuestro prójimo. Jesús dice que quienes son misericordiosos con los demás son dignos de recibir la compasión de Dios. Hay personas que a veces son caritativas por amor a su propio nombre y se jactan de su compasión. La verdadera compasión perdona y se preocupa por los demás en el nombre de Jesucristo, sin interés por recibir reconocimientos ni elogios. Entre las analogías que Jesús hace en Lucas 10 está la parábola del hombre que cayó en manos de asaltantes en el camino hacia Jerusalén. ¿Quién le mostró amor y compasión?

Quien le salvó la vida no fue un líder religioso ni un sacerdote, sino un samaritano que miraban con desprecio. El samaritano ayudó al hombre y con su dinero le pagó al mesonero para que lo cuidara.

Hoy gozamos de los beneficios del desarrollo cultural como resultado del desarrollo económico. Sin embargo, todavía hay quienes padecen hambre, enfermedades y llevan vidas miserables a causa de la pobreza. Tenemos la responsabilidad de dar el amor y la compasión de Jesús a tales personas.

Paz

Sin duda, los que viven disfrutando de la gracia y la compasión de Dios gozan en abundancia del fruto de la paz. La vida de paz no es posible por el sentimiento de culpa por nuestros pecados y el temor al castigo. Solo por medio de Jesucristo puede restaurarse nuestra relación de paz a medida que nuestros pecados son lavados por su sangre dada en favor nuestro por la gracia y la compasión de Dios. Esto ha hecho posible que vivamos en paz desde que se nos dio la solución de nuestro pecado original .

Jesús dice: "La paz os dejo, mi paz os doy; yo no os la doy como el mundo la da. No se turbe vuestro corazón, ni tenga miedo" (Juan 14:27).

La paz de este mundo es momentánea y superficial. Algunas personas están contentas con el dinero, la salud, el poder, sus casas o sus autos. Pero cuando pierden estas cosas, desaparecen su paz y contentamiento. La paz de este mundo es efímera y falsa.

La paz que Jesús da es eterna. Esta paz no se puede perder en circunstancia alguna y viene de adentro.

¿Qué debemos hacer para tener acceso a esa paz?

Jesús dice: "Venid a mí todos los que estáis trabajados y cargados, y yo os haré descansar" (Mateo 11:28).

Cuando nos entregamos a Jesús, ponemos nuestra carga delante de Él en oración y vivimos según la voluntad de Dios y recibimos su paz.

Si vamos ante Jesús, dejando nuestras preocupaciones, si le buscamos con agradecimiento en oración, el Dios todopoderoso nos da su paz que brota del interior, de nuestra alma y mente.

Solamente cuando transplantamos la base de nuestra vida del fundamento centrado en el hombre al fundamento que está junto a la fuente eterna, podemos arraigarnos con firmeza en Jesús y dar buen fruto.

Oh Señor que vives en gloria, te damos
gracias por brindarnos la riqueza del mundo
y la santidad del cielo. Ayúdanos a no perder
de vista tu gracia y compasión y a ser tus
hijos dignos de mucha bendición. En el
nombre de Jesús. Amén.

4

La voluntad de Dios

*L*a vida del hombre es similar a la navegación en el mar. Sin saber de dónde venimos, por qué vivimos, ni hacia dónde vamos, algunos navegamos a ciegas por la vida y nos golpeamos contra los obstáculos de la desesperación para al final hundirnos.

La existencia del hombre y la salvación de Dios

Cuando el primer hombre y la primera mujer, Adán y Eva, vivían en el Edén, sabían de dónde venían, su razón de estar en la tierra y hacia dónde iban. Dios hizo a Adán y Eva y no tenían pecados ni enemigos. Vivían en el huerto de Edén y conocían su responsabilidad de cuidar todo lo que Dios creó.

Sin embargo, cayeron en la trampa que Satanás preparó y desobedecieron a Dios comiendo el fruto del árbol de la ciencia del bien y del mal. Por lo tanto, quedaron separados de su Dios creador. Perdieron su propósito y dirección en la vida, y vencidos por el temor y la vergüenza, se escondieron bajo la sombra de un árbol.

En esas malas circunstancias, Dios llamó a Adán: "¿Dónde estás tú?"

Dios no llamó a Adán porque no supiera dónde estaba. A decir verdad, Dios quería que Adán supiera que había perdido su posición original en el huerto de Edén.

La existencia del hombre caído

Cuando Dios buscó a Adán y Eva, quienes cayeron de donde estaba Dios, estaban escondidos debajo de un árbol. Aunque el huerto era un lugar lleno de paz y felicidad, para Adán y Eva caídos ya no era un lugar de reposo y comodidad. Entonces, ¿qué lugar representa la sombra del árbol?

Primero, la sombra del árbol donde se escondieron era el árbol del pecado.

Antes de su caída, Adán y Eva no conocían el pecado. Pero en cuanto desobedecieron a Dios, quedaron presos en el pecado y se encontraron a la sombra del pecado original. Pecadores como eran, no podían estar en la presencia del buen Dios. El pecado cortó la relación entre ellos y Dios. Segundo, la sombra del árbol en que se escondieron era el árbol de la muerte.

Cuando Adán fue hecho a la imagen de Dios, su cuerpo no estaba destinado a morir. Cuando Adán y Eva pecaron y desobedecieron a Dios, la gloria los abandonó y sus cuerpos quedaron destinados a la muerte. Dios dijo al caído Adán: "Polvo eres, y al polvo volverás" (Génesis 3:19).

Tercero, la sombra del árbol en que se escondieron era el árbol de la condenación.

El hombre caído se convirtió en exiliado del huerto de Edén que Dios preparó. Como exiliado lo destinaron a trabajar por su supervivencia en la tierra que le produciría espinos y tendría que luchar contra la condenación.

Cuarto, la sombra del árbol donde se escondían era el árbol de la desesperación.

Después que Dios los echó de su lado, vivían con ansiedad, temor y desesperación, sin saber de dónde venían, por qué vivían y cuál era su propósito. Vivían como vagabundos.

De esta manera, los padres de la humanidad dudaron de la

Palabra de Dios y, después de desobedecerle, perdieron el lugar que les correspondía por derecho. Perdidos sus lugares en el huerto del Paraíso, Adán y Eva se pusieron bajo el árbol del pecado, la muerte, la condenación y la desesperación.

Desde entonces, el hombre ha usado su astucia y métodos para librarse del pecado, la condenación, la muerte y la enfermedad, el temor y la desesperación. Todos sus esfuerzos han fracasado y han llegado a ser nada.

¿Quién tiene la solución?

Cuando buscaba a Adán, Dios llamó: "¿Dónde estás tú?" El verdadero propósito de Dios al buscar a Adán era darle una oportunidad de comprender su pecado y de arrepentirse.

En vez de arrepentirse, Adán y Eva se dedicaron a culparse mutuamente por su pecado. En vez de matarlos a ellos, Dios mató un animal y les hizo vestidos con su piel. Un animal sin pecado murió en lugar de Adán y Eva y derramó su sangre hasta morir.

Esto también significaba que era la voluntad de Dios que la simiente de la mujer (Génesis 3:15) llegara a ser el Salvador de la humanidad para dar un vestido de justicia. Esta voluntad y profecía se cumplió hace dos mil años.

Jesús entró en este mundo a través del cuerpo de la virgen María por obra del Espíritu Santo, hace dos mil años. Desde entonces, dio esperanzas a los que viven bajo el pecado y la culpa, y predicó el evangelio celestial. Para redimir el alma de los hombres, Jesús murió en la cruz. Dios llevó a la muerte a Jesús para que nosotros podamos ser vestidos de la justicia de Jesús.

A través de este acontecimiento fue posible que desechásemos la vergüenza del pecado y recibiésemos justificación, que el Espíritu Santo nos llenara y se nos diera el derecho de la felicidad y de recibir bendiciones. Además, los espinos y matorrales de condenación que nos ahogaban no pudieron clavarnos puesto que nos vestimos con la coraza de justicia. No solo eso, Dios salvó a quienes Dios había desechado eternamente y que estaban destinados al infierno para hacerlos, en cambio, ciudadanos legales del cielo.

La fe cristiana no es un entendimiento religioso de cierto tipo. La fe cristiana es la aceptación sin precio de la justicia de Cristo, su vida y sus bendiciones, el Espíritu Santo y el cielo. La fe cristiana consiste en llegar a ser una nueva persona con Jesucristo en el corazón y con nuestros corazones puestos en Él.

Todo aquel que acepta a Jesús en su corazón, recibirá liberación del pecado y de la muerte, la condenación y la desesperación, y se convertirá en una persona transformada. Luego nos vestiremos la túnica de la justicia y nuestra vida será de felicidad con esperanza y vida eterna.

Cuando se da cuenta del sentido verdadero de su existencia, el hombre solo puede sentir desesperación. Sin embargo, el Dios de amor no abandona al hombre en su desesperación y dolor, sino que ha preparado un camino de salvación por medio de Jesucristo.

Oh Dios de amor y misericordia, te damos
gracias por haber salvado nuestras almas
muertas a causa del pecado. Ayúdanos a
vivir la salvación, la gracia y las bendiciones.
En el nombre de Jesús. Amén.

La voluntad de Dios desde la creación

Cuando contemplamos el universo y todo lo que en él hay, podemos ver la voluntad de Dios según aparece en Génesis.

Primer día

Cuando creó el mundo, Dios primero creó la "luz". La luz representa la esperanza, la vida y el éxito. Pero, más importante aun, la luz simboliza a Jesucristo. ¿Por qué? Porque el Hijo unigénito de Dios, Jesucristo, dio su sangre por nosotros en la cruz, nos ha liberado del poder de las tinieblas del pecado y nos ha sacado a la luz de la salvación.

En el principio Dios dijo: "Sea la luz." También Dios dice a las personas reprimidas por las tinieblas de Satanás que salgan a la luz. Si aceptamos la verdadera luz que es Jesucristo y le aceptamos, entraremos en el reino de los cielos que es donde reinan la vida eterna y la luz.

Segundo día

Dios hizo el firmamento y separó las agua de arriba y las de abajo mediante el firmamento. Al firmamento lo llamó "cielo" y es el cielo que está sobre el mundo.

Sin embargo, debido a la caída de Adán y Eva, se cerró el cielo en el corazón de los hombres. El hombre se convirtió en un ser trágico que vive en las tinieblas de la desesperación sin el conocimiento de dónde viene, por qué vive y hacia dónde va.

Cuando confesamos nuestro pecado y aceptamos a Jesús, nuestro espíritu halla vida, se restaura la comunión con Dios, se abre la puerta de los cielos en nuestro corazón y entramos a residir en el reino de Dios.

Tercer día

Dios reúne las aguas y hace que aparezca la tierra seca. A las aguas reunidas Dios las llamó "mares" y a lo seco llamó "tierra". Hizo además que la tierra produjera hierba, vegetales y frutas.

Actualmente Dios establece tierra seca donde podemos ponernos de pie en este mundo de confusión, mundo en el que los principios morales y la ética han perdido el camino. La verdadera tierra seca es la "salvación de la cruz". Vivíamos en medio de la confusión del mundo, pero ahora, por fe en Jesucristo, hemos hallado terreno sólido sobre el cual podemos estar firmemente establecidos.

Y al depender de la cruz de Jesucristo, hemos llegado a ser ramas del árbol. Por lo tanto, debemos tener una vida que lleva el tipo de fruto que hace que Dios se sienta feliz. Entonces, ¿qué tipo de fruto debemos llevar?

Por sobre todo, debemos llevar el fruto del Espíritu Santo: amor, gozo, paz, paciencia, benignidad, bondad, fe, mansedumbre, templanza. Debemos pedir con fervor al Espíritu Santo que nos ayude a producir su fruto. Luego, tenemos que producir esos frutos obedeciendo el mandamiento de Dios y llevar con diligencia el fruto de llevar muchas almas a la salvación de Jesucristo.

Cuarto día

Dios creó el sol, la luna y las estrellas, y también separó el día de la noche, las estaciones y los años.

De la misma manera que creó el sol, las estrellas y la luna para poner orden en el universo, Dios desea que tengamos orden. Además, quiere que nos llenemos de sabiduría, inteligencia, fe, esperanza y amor, como el del sol, la luna y las estrellas. El Dios que creó el universo y las galaxias, desea que tengamos orden, sabiduría e inteligencia espiritual. Armados así, quiere que luchemos contra la ignorancia y las tinieblas, y vivamos como dignos hijos de Dios.

Debemos orar a Dios pidiendo sabiduría e inteligencia, y tenemos que pedirle que nos conceda fe, esperanza y amor que reflejen la vida de Cristo.

Quinto día

Dios creó las aves del cielo y los peces de las aguas. Dijo a todo ser viviente: "Fructificad y multiplicaos."

En el quinto día de Génesis vemos que Dios lo llena todo y cada lugar con cosas buenas que tienen vida y en abundancia.

En la actualidad, algunas personas pretenden que la voluntad de Dios es vivir como indigentes y piensan que así pueden reflejar una verdadera fe. Dicen: Puesto que Jesús vivió en la pobreza, nosotros también debemos vivir en la miseria. Esto es completamente contrario a la voluntad de Dios que bendice todas las cosas. Dios bendijo las aves de los cielos y los peces en el mar. "Fructificad y multiplicaos" son palabras de bendición de Dios, el origen de todas las bendiciones.

En vez de vivir en una modestia autoimpuesta con el propósito de divulgar el evangelio, debemos ser abundantes en todas las cosas con el objetivo de hacer la obra de Dios.

Debemos cambiar nuestro malentendido. Debemos pedir abundancia en todas las cosas y ser así bendecidos de verdad a fin de poder hacer la obra de Dios y su voluntad.

Sexto día

Dios creó todas las criaturas de la tierra y finalmente creó al hombre.

Dios creó a Adán y Eva según su propia imagen y le dijo: "Fructificad y multiplicaos; llenad la tierra y sojuzgadla, y señoread en los peces del mar, en las aves de los cielos, y en todas las bestias que se mueven sobre la tierra" (Génesis 1:28).

Al crear al hombre a la imagen de la Trinidad, queda implícito que nos creó con atributos de espíritu, cuerpo y conciencia moral. Sin embargo, la serpiente engaño a Adán y Eva para que desobedecieran el mandamiento de Dios y, por lo tanto, perdieran su imagen.

Después de la caída, nos envolvió a todos la condenación eterna de cuerpo, alma y vida. Perdida la buena imagen de Dios, y sin capacidad para tener comunión con Él, se nos destinó a transmitir a nuestros hijos los frutos corruptos del pecado. Sin embargo, si aceptamos a Cristo como nuestro Salvador y lo ponemos en el centro de nuestra vida, obtenemos la vida eterna y nuestra vida adquiere significado. Dios nos conduce a la salvación y nos renueva de modo que podamos regir nuestro mundo en el nombre de Jesucristo.

Si creemos en Jesús y abrazamos a Dios que creó el mundo y nos da todas las cosas, descansaremos para siempre con vida eterna.

Dios quiere que todas las cosas en nuestra vida sean buenas, así como hizo bien a nuestra alma. Una vez recibida la vida de nuestro Señor, Él se siente muy feliz cuando vivimos en plenitud.

Oh Dios que gobiernas sobre todas las cosas
en el universo, enséñanos tu voluntad a
través de las leyes de tu creación. En el
nombre de Jesucristo. Amén.

Los Diez Mandamientos de la voluntad de Dios

Cada nación de la tierra tiene leyes establecidas en forma de constituciones y cada nación se gobierna mediante la observancia de tales leyes. Para los que somos de la fe, existen leyes que sirven de esencia a nuestra vida en la fe. Son los diez mandamientos que Dios nos ha dado. Originalmente los Diez Mandamientos se les dio a los israelitas por medio de Moisés. Sin embargo, todavía existen como leyes que todos los cristianos deben seguir.

Primer mandamiento

"No tendrás dioses ajenos delante de mí" (Éxodo 20:3).

El creador del mundo y de todo lo que en él hay es Dios. Sin embargo, el ángel caído, Lucifer, y otros ángeles que le siguieron se han convertido en falsos dioses en la tierra y confunden a la gente llevándola a tener muchos dioses.

Así como una persona no puede recibir sangre de dos padres, el Dios que debemos adorar es nuestro creador Jehová, el único y solo Dios. Tenemos que creer en un solo Dios que es Padre de todos nosotros y a Él debemos adorar. Si descartamos a Dios y adoramos a otros dioses mundanos, o elevamos a un hombre a la categoría divina y lo adoramos en lugar de Dios, no cabe duda que nos abandonará el único y verdadero Dios.

Segundo mandamiento

"No te harás imagen ... no te inclinarás a ellas, ni las adorarás" (Éxodo 20:5).

No podemos pedir bendiciones de esos ídolos. Si hacemos imágenes y estatuas como obras de arte, no para adorarlas, no se puede considerar pecado. Sin embargo, si hacemos una imagen parecida a cierta cosa y nos inclinamos a adorarla, Dios ha prometido un castigo que puede alcanzar a tres o cuatro generaciones de la familia.

Debemos denunciar toda forma de adoración de ídolos, tenemos que amar a Dios y obedecer sus mandamientos. Cuando lo hagamos, Dios será bendecido por millares de generaciones.

Tercer mandamiento

"No tomarás el nombre de Jehová tu Dios en vano" (Éxodo 20:7).

Tomar en vano el nombre de Dios es usarlo con el propósito de ridiculizarlo o maltratarlo. Si alguien usara el nombre de su padre en vano o para ridiculizarlo, lo llamarían hijo "desnaturalizado" y lo condenarían. Si de esa manera alguien toma en vano el nombre del Dios que creó los cielos y la tierra y todo lo que en ellos hay, esa persona no puede escapar de la ira de Dios.

Siempre debemos respetar el nombre de Dios como santo y nunca debemos usar su nombre a la ligereza o en vano.

Cuarto mandamiento

"Acuérdate del día de reposo para santificarlo" (Éxodo 20:8).

El sabbat del pueblo judío es el sábado. En el cristianismo moderno, observamos el domingo como sabbat. El día de reposo es el día que Dios señaló y bendijo, y es el día en el que los cristianos adoran y glorifican al Señor. Es también el día en que hacemos buenas acciones y obras relacionadas con el evangelio, concentrándonos en nuestra devoción a Dios.

No debemos hacer ningún trabajo personal, salvo los que sean absolutamente necesarios para la conservación de nuestra vida.

Tenemos el deber de abstenernos a toda cosa relacionada con algún placer personal. Solo debemos hacer trabajos dedicados al Señor y santificar el sabbat.

Quinto mandamiento

"Honra a tu padre y a tu madre" (Éxodo 20:12).

Honrar a nuestros padres no solo significa no darles preocupaciones, sino darles un cuidado respetuoso. Este es el primer mandamiento que tiene promesa (Efesios 6:2). Cuando vivimos agradecidos por la gracia de nuestros padres carnales, Dios no solo se alegra de ello, sino también nos otorga bendiciones de éxito y prosperidad.

Sexto mandamiento

"No matarás" (Éxodo 20:13).

Dios hizo nuestra vida a su imagen y sujeta a Él. Por consiguiente, el hombre, como creación de Dios, no puede pisotear su sumisión a Él ni quitar la vida a un semejante según su propia voluntad. Destruir la vida, sea por suicidio u homicidio, es un pecado ante los ojos de Dios. Debemos honrar la vida de otros y no odiarnos unos a otros, sino vivir con respeto mutuo.

Séptimo mandamiento

"No cometerás adulterio" (Éxodo 20:14).

El adulterio es un pecado que contamina el cuerpo. En 1 Corintios 6:18 encontramos lo siguiente: "Huid de la fornicación. Cualquier otro pecado que el hombre cometa, está fuera del cuerpo; mas el que fornica, contra su propio cuerpo peca." También Hebreos 13:4 nos dice: "Honroso sea en todos el matrimonio, y el lecho sin mancilla; pero a los fornicarios y a los adúlteros los juzgará Dios."

Hoy día numerosas familias están rotas debido a la fornicación y al adulterio. Para protegernos de esta tragedia y tener una familia feliz, todos debemos huir del adulterio y de la fornicación y llevar una vida de santidad y pureza.

Octavo mandamiento

"No hurtarás" (Éxodo 20:15).

Es encomiable obtener propiedades y amasar una fortuna mediante el trabajo arduo. Sin embargo, llenarse de riquezas y bienes sin trabajar o tomar la propiedad de otros por medios ilícitos es un pecado ante los ojos de Dios. Así como sus bienes son queridos y valiosos para usted, también los demás lo creen por los de ellos.

Debemos trabajar arduamente para poseer nuestros bienes y debemos usarlos como es debido para glorificar a Dios.

Noveno mandamiento

"No hablarás contra tu prójimo falso testimonio" (Éxodo 20:16).

En este mundo donde la moralidad y sus principios han caído, abundan los juicios civiles injustos contra el prójimo. Sea por celos o por incitación de otros, no hay pecado peor que dar falso testimonio contra el prójimo.

Los creyentes nunca debieran cometer este pecado de falso testimonio, que puede destruir la sociedad y nuestras relaciones con los semejantes; solo debiéramos decir la verdad (Efesios 4:25)

Décimo mandamiento

"No codiciarás la casa de tu prójimo" (Éxodo 20:17).

La Biblia afirma que es un pecado grave codiciar la mujer o la casa del prójimo. Codiciar es tener un deseo desmedido que supera nuestra capacidad de adquirir. En un sentido es similar a adorar falsos ídolos (Colosenses 3:5). Esto se debe a que los que codician son esclavos de la idolatría de codiciar. Dios no puede usar para hacer su voluntad a aquel cuya mente está llena de codicia. En cambio, siempre debemos dar gracias por la vida y estar satisfechos con lo que somos y con lo que es nuestra vida (Filipenses 4:11; 1 Tesalonicenses 5:18).

Aunque hemos sido salvados por la gracia de Jesucristo, debemos examinar cada día nuestra vida a la luz de

la Palabra de Dios. Los Diez Mandamientos son leyes
que Dios nos ha dado para que sean nuestro espejo y
nuestra guía.

> *Oh glorioso Dios santo, ayúdanos a nosotros,*
> *que somos tus hijos, a vivir conforme a tu*
> *voluntad obedeciendo los Diez*
> *Mandamientos. En el nombre de Jesús.*
> *Amén.*

¿Por qué medios obra Dios?

Todos los creyentes quieren ver la obra y la respuesta de Dios a sus
oraciones. Sin embargo, al no entender cómo y por qué medios
obra Dios, algunos no logran ver sus maravillosas obras.

Entonces, ¿qué medios usa Dios para obrar en nuestra vida?

La obra de Dios (primera parte)

Dios obra mediante nuestras oraciones. Jesús dice: "Pedid y se
os dará, buscad y hallaréis; llamad y se os abrirá" (Mateo 7:7). Y
también dice: "Si algo pidiereis en mi nombre, yo lo haré" (Juan
14:14).

Entonces, ¿qué clase de oraciones responde Dios?

Cuando oramos sinceramente por un deseo ardiente de nuestro
corazón, Dios responde la oración. Sea que oremos para la gloria
de Dios o por alguna necesidad en nuestra vida material, debemos
orar con fervor. Cuando oramos formalmente sin fervor, Dios no
contesta. Para ser testigos de la obra de Dios debemos tener un ardiente deseo en nuestro corazón y, en Cristo Jesús, invocarle.

La Biblia nos dice que Jesús oró con un deseo tan sincero en el
monte de los Olivos, que su sudor era como gotas de sangre (Lucas
22:44). Se dice que cuando una persona ora con todo su ser y con
toda sinceridad, los vasos sanguíneos de su cuerpo se rompen y la
sangre se mezcla con el sudor. Cuando oramos de esa manera para

que la voluntad de Dios dé frutos, Él se siente motivado a responder nuestra sincera oración (Efesios 3:20-21). Para probar la mano de Dios, tenemos que orar sincera y continuamente.

La obra de Dios (segunda parte)

A veces los creyentes preguntan: "Pastor, oro mucho al Señor. Siempre oro al amanecer, en los servicios de oración de tres días, durante la noche y hasta voy a los retiros para orar mientras ayuno. Sin embargo, todavía no he recibido una respuesta de Dios. Estoy confundido y no sé qué hacer."

Con la Palabra de Dios les enseño: "Dios no solamente obra en dependencia de nuestras oraciones, sino también toma en cuenta nuestra mente."

No importa cuánto pidamos del Señor, ni cuánto le busquemos, si Dios estima que nuestro vaso no es lo bastante grande para contener toda la bendición de Dios, no la ortorgará. Los "vasos" en esta analogía son nuestra "mente".

Debe haber concordancia entre lo que pedimos a Dios y lo que es nuestro verdadero pensamiento. Cuando pedimos éxito, no debemos pensar en el fracaso. Si pedimos salud, no debemos preocuparnos por la posibilidad de enfermar.

Desde este mismo minuto, su mente y sus oraciones deben quedar unidos. Cuando ore por la salvación de su familia, piense en lo maravilloso que será que su familia realmente vaya y adore en la iglesia de Dios. Cuando ora por salud, piense en lo que será salir a la calle después de recibir la sanidad. Cuando ore pidiendo éxito en los negocios, piense en la forma que enfrentará la expansión de su negocio. Solo entonces Dios obrará.

Nunca debe olvidar que la bendición de Dios está relacionada con nuestra mente. Aunque no haya a la vista pruebas a qué echar mano, y con el futuro tan negro como la noche, siempre piense: "He recibido la respuesta del Señor, tengo salud, soy capaz, tendré éxito."

La obra de Dios (tercera parte)

"Abre tu boca, y yo la llenaré" (Salmo 81:10).

Cuando Dios nos bendice no solo lo hace en la medida que hemos pedido, lo suficiente para llenar nuestro vaso, sino más bien llena nuestro vaso. David, en el Salmo 23:1, dice: "Jehová es mi pastor, nada me faltará." En el versículo 5, confiesa: "Mi copa está rebosando."

Jesús dice: "Yo he venido para que tengan vida y para que la tengan en abundancia" (Juan 10:10). De esta manera Dios llena hasta rebosar los vasos que hemos preparado mediante la oración y la disposición de la mente.

Nuestro Padre es un Dios verdaderamente bueno. Mucha gente piensa por error que es un Dios violento, mísero y terrible. Pero si alguien estudia la Biblia desde Génesis hasta Apocalipsis, no podrá negar que nuestro Dios es un Dios bueno.

Dios creó al hombre a su imagen y le ordenó que sojuzgase y señorease sobre todo lo que hay en este mundo (Génesis 1:28). Aun cuando el hombre desobedeció a Dios y su destino fue sufrir la muerte eterna como pecador, el buen Dios envió a Jesucristo al mundo para que salvase al hombre pecador, inmoral y repulsivo.

En Romanos 8:32 está escrito: "El que no escatimó ni a su propio Hijo, sino que lo entregó por todos nosotros, ¿cómo no nos dará con Él todas las cosas?"

Cuando esperamos la bendición con el vaso preparado con nuestras oraciones y nuestra mente al unísono, podemos experimentar la maravillosa obra de Dios que llena nuestros vasos hasta rebosar.

Deje que sus oraciones y su mente marchen al unísono mientras ora sinceramente por su ardiente deseo en Cristo Jesús.

Oh Dios sabio y lleno de gracia, queremos
palpar tu maravillosa obra mientras actúas y

vives entre nosotros aun hoy día. Ayúdanos a
esperar en ti con ardientes deseos en el
corazón y en la mente.
En el nombre de Cristo. Amén.

Cosas que Dios desprecia

Nuestro enemigo el diablo, aun después que hemos llegado a ser nuevas criaturas por obra del Espíritu por fe en Jesucristo, siempre está tratando de llevarnos al camino corrompido de la carne. Como ejemplo, hay un incidente de los israelitas que Dios condenó porque fueron víctimas del esquema del diablo y planeaban iniquidades carnales que Dios aborrecía.

¿Cuáles son los deseos de la carne que Dios aborrece?

Adoración de ídolos

Después de salir de Egipto y en su viaje hacia la tierra prometida, donde la leche y la miel fluían en abundancia, los israelitas llegaron al pie del monte Sinaí. Como representante de los israelitas, Moisés subió hasta cima del monte y ayunó durante cuarenta días y esperó que Dios diera a los israelitas los Diez Mandamientos.

Mientras tanto, puesto que la espera se hacía interminable, al pie del monte los israelitas buscaron a Aarón y le pidieron que hiciera "un Dios que los guiara por el desierto". Aarón recolectó oro de las joyas que la gente trajo e hizo la imagen de un becerro. De inmediato proclamaron que la imagen del becerro era su "dios que los sacó de Egipto". Los israelitas festejaron la ocasión con comidas, vinos y danzas adorando al ídolo.

Cuando la fiesta estaba en su apogeo, Moisés descendió del monte con los Diez Mandamientos y se airó mucho por lo que vio. En su ira, arrojó y rompió las dos tablas en que estaban escritos los Diez Mandamientos. Tomó la imagen del becerro de oro, la quemó y la molió hasta hacerla polvo. Luego mezcló el polvo con el agua y obligó a todos los participantes en la fiesta a beber del agua.

Además, Dios mató a todos los israelitas que participaron en el culto idolátrico.

En la actualidad, todos los creyentes dicen: "Nosotros no adoramos el becerro de oro ni ningún ídolo de madera hecho con ese objetivo." Sin embargo, en Colosenses 3:5 se dice que los "malos deseos y avaricia [son] idolatría".

El hecho de que no tengan alguna imagen para adorar no significa que los cristianos no sean idólatras. Cualquier cosa que tengamos en el corazón y la amemos más de lo que amamos a Dios, es idolatría.

Para estar en guardia contra la idolatría, tenemos que examinarnos constantemente a nosotros mismos para ver si amamos el dinero o los placeres carnales más de lo que valoramos y amamos a Dios. Debemos buscar primeramente su reino y su voluntad, y vivir una vida teocéntrica.

Adulterio

En Números 25 hay un relato en que Dios castiga a los israelitas debido a su adulterio. Esto ocurrió mientras los israelitas estaban en Sitim de Moab.

Los israelitas asistieron a los cultos idolátricos de los moabitas, se inclinaron ante sus ídolos y entraron en relaciones fornicarias con las mujeres moabitas. Dios se airó con los que cometieron adulterio físico y espiritual. Mandó a capturar a todos los jefes que participaron en la contaminación y los colgó hasta que murieron. Además, desató una enfermedad infecciosa y mató a veinticuatro mil del pueblo.

En la actualidad, muchas familias se destruyen por la inmoralidad sexual en la sociedad, donde la lascivia y la disipación avanzan con fuerza abrumadora. En cuanto a nosotros, que vivimos en estos últimos días, tenemos que abstenernos de cometer adulterio del alma y de la inmoralidad sexual del cuerpo.

Probar a Dios

A veces el diablo se acerca a nosotros y nos prueba

arrojándonos una pregunta: "¿Está Dios realmente contigo?" A pesar de que Dios está en nuestro corazón, a veces sospechamos de Él. Dios desprecia ese tipo de sospecha.

Mientras vivían en el desierto, los israelitas no creían en Dios ni confiaban en Él a plenitud. Temían a sus poderosos enemigos y sin cesar probaban a Dios con sus preocupaciones por la comida y el agua. Al final Dios los abandonó.

El diablo probó también a Jesús en el desierto y le dijo: "Si eres Hijo de Dios, échate abajo; porque escrito está: A sus ángeles mandará acerca de ti, y en sus alas te llevarán para que no tropieces con tu pie en piedra."

A esto Jesús respondió: "No tentarás al Señor tu Dios" (Mateo 4:7) y venció la tentación del diablo.

Nuestra creencia en Dios y la forma en que lo probamos es absolutamente diferente. Dios no es objeto de nuestra curiosidad ni necesitamos probarlo. Es nuestro Padre celestial a quien debemos reverenciar con todo el corazón.

"Ahora, pues, Israel, ¿qué pide Jehová tu Dios de ti, sino que temas a Jehová tu Dios, que andes en todos sus caminos, y que lo ames, y sirvas a Jehová tu Dios con todo tu corazón y con toda tu alma; que guardes los mandamientos de Jehová y sus estatutos, que yo te prescribo hoy, para que tengas prosperidad?" (Deuteronomio 10:12-13).

Por lo tanto, tenemos que confiar en la Palabra de Dios y reverenciar a Dios con todo nuestro corazón y sin la menor sombra de duda.

Disgustar a Dios

Los israelitas no pudieron entrar en Canaán, la tierra que fluye leche y miel, aun cuando hicieron lo bueno delante de sus propios ojos. Sin embargo, murieron mientras peregrinaban por el desierto durante cuarenta años (Números 14:1-45). Esto se debió a que los israelitas no supieron dar gracias a Dios y solo se quejaron y lo ofendieron.

Aun en el día de hoy, el resentimiento y las quejas no solo dañan la salud del cuerpo; destruyen todos los aspectos de la vida. Por lo tanto, no importa cuál sea la situación en que estamos, tenemos que vivir agradecidos de Dios.

Algunas personas miran todas las cosas desde la perspectiva del resentimiento y de los lamentos y, por consiguiente, se autodestruyen. Por otra parte, algunas personas miran todas las cosas en forma positiva y puesto que dan gracias continuamente, convierten aun sus privaciones en oportunidades para que se manifieste la gracia y la bendición de Dios. Debemos aprender la forma de convertir las dificultades que confrontamos en oportunidades de bendición.

Aun en el día de hoy, el diablo trata de destruirnos tentándonos a hacer cosas que Dios desecha. Debemos siempre con firmeza vencer la tentación del diablo con una fe fuerte que se manifieste en una vida que se desarrolla conforme a la voluntad de Dios.

Oh Dios vivo, aún hoy el diablo sigue
buscando oportunidades para destruirnos el
alma y nos seduce para que andemos por
caminos de la carne que tú aborreces.
Ayúdanos a vencer estas tentaciones con el
poder de tu Espíritu, y ayúdanos a tener
vidas cristocéntricas.
En el nombre de Jesús. Amén.

Jesucristo, el Hijo

5

Jesús, el que viene con la nueva respuesta

*E*l huerto de Edén que Dios creó para Adán y Eva era perfecto. Se trataba de un huerto hermosísimo, abundante en todas las cosas. Sin embargo, Adán y Eva comieron el fruto del árbol del bien y del mal que representaba la autoridad de Dios. Al comer el fruto, cometieron una grave ofensa contra Dios. Cuando Adán y Eva se ocultaron detrás de los árboles del huerto, debido al temor producido por haber pecado, Dios llamó al hombre mientras los buscaba: "¿Dónde estás tú?"

La nueva respuesta

Dios, que es omnipotente y omnipresente, ¿llamaba y buscaba a Adán porque no sabía dónde estaba? No. Después que Adán pecó, Dios lo llamó para darle tiempo a que comprendiera la gravedad del pecado cometido contra Dios.

La pregunta original

La pregunta de Dios: "¿Dónde estás tú?", es el primer interrogante que Él hace a todos los hombres.

Si Adán hubiera podido dar un paso al frente para responderle a Dios, su única respuesta debió haber sido: "Señor, estoy plenamente consciente de mi pecado al desobedecer tu mandamiento y me siento muy culpable. Estoy separado de ti y mi espíritu está muerto. A causa de mi pecado estoy espiritualmente ciego y me han echado de tu lado."

La cultura del presente se ha desarrollado a una velocidad asombrosa; sin embargo, los descendientes de Adán, la humanidad moderna, se encuentran en la misma situación, escondidos tras los árboles del huerto de Edén. Los que no se han reconciliados con Dios, sin consideración de quiénes puedan ser, aún ocupan el mismo lugar y posición de Adán que se escondió detrás de los árboles.

Entonces, ¿en qué posición estaba exactamente Adán?

Adán enfrentó la desesperación por su sentimiento de culpa, así como por la enfermedad y la muerte de su cuerpo físico. La desesperación espiritual era por el caos y la condenación eterna. Para Adán no había siquiera una chispa de esperanza. Había olvidado de dónde venía, por qué vivía y qué rumbo llevaba su vida.

Así, Adán estaba en una situación de completa desesperación. Después de desobedecer a Dios, Adán no podía eludir este aprieto. Sus descendientes recibieron el mismo destino y han luchado con él hasta el día de hoy.

El hombre ha intentado diversos medios para huir de su desesperación y destino, incluso la invención de varias religiones y el desarrollo de la ciencia y la cultura. Pero nadie ha podido encontrar una solución a su destino y desesperación; solo han ocasionado más caos. Como resultado, durante largo tiempo el hombre se ha lamentado: "El pecado, la enfermedad y la muerte me rodean. Vivo una eterna condenación y desesperación."

Para dar una respuesta a esta desesperación y condenación, Dios en persona vino al mundo y nos dio una respuesta. Aunque ningún hombre, ya sea político, filósofo o algún gran héroe ha podido rescatar al hombre, Dios se hizo carne y vino al mundo para solucionar finalmente la terrible condición del hombre.

La respuesta de Jesús

Jesucristo vino al mundo para mostrarnos el gran designio del plan de Dios. Dio una respuesta absoluta y final al sufrimiento del hombre por su desesperación eterna, a través de su muerte en la cruz.

A Jesús lo clavaron en la cruz y por su cuerpo castigado y su sangre derramada salva al hombre destinado a la condenación. Después que Adán peca contra Dios, la pregunta de Dios a la humanidad, "¿Dónde estás tú?", ha quedado sin respuesta. Sin embargo, ahora Jesús nos ha dado la respuesta completa y perfecta a esta pregunta. Cuando en la cruz dijo: "Consumado es", también quedó completa, consumada, la respuesta a la pregunta. Más aun, con su resurrección, al tercer día de su muerte, Jesús nos prueba que su respuesta es la verdad.

Esta bendición de la salvación que Jesús preparó para el hombre puede recibirla quien así lo quiera. Todo aquel que crea en Jesús recibirá la bendición de la salvación. Una vez recibida esta bendición, puede responder con confianza la pregunta de Dios.

En primer lugar, cuando enfrentamos la pregunta "¿Dónde estás tú?", podemos responder: "Soy libre de mis pecados y me pueden contar entre los justos en Cristo Jesús. Aunque pequé, nací en corrupción y merezco la condenación, recibí la justicia porque me arrepentí de mis pecados. Ya no estoy bajo el control del diablo y puedo presentarme delante de Dios con confianza."

Segundo, cuando enfrentamos la pregunta "¿Dónde estás tú?", podemos responder: "Soy partícipe de la felicidad que hay en ti, oh Señor. Aunque era tu enemigo a causa del pecado, ahora, en el Señor Jesucristo, puedo llamarte Padre y tener parte en la bienaventurada relación contigo." De esta forma, por medio de Jesucristo, hemos encontrado la felicidad con Dios y, a través de nuestras oraciones, podemos comunicarnos con nuestro Señor. Se nos ha dado el privilegio de comunicarnos con Dios mediante nuestras oraciones.

Tercero, cuando nos enfrentamos con la pregunta "¿Dónde estás tú?", podemos responder: "Estoy en medio de un tratamiento.

Por medio de Jesucristo estoy pasando por un tratamiento espiritual por el cual me llenaré de justicia, paz y amor. Además, mi cuerpo físico está bajo tratamiento de modo que disfruto de una buena salud."

En cuarto lugar, cuando enfrentamos la pregunta "¿Dónde estás tú?", respondemos: "Estoy en medio de las bendiciones de Abraham. He escapado de las espinas y cardos de la condenación para llevar una vida que fluye leche y miel." De modo que ya no viviremos con la condenación pendiendo sobre nosotros. Cuando acudimos a Cristo, tenemos la victoria sobre la condenación y debemos dar gracias al Señor por permitirnos vivir con tales bendiciones.

Quinto, cuando enfrentamos la pregunta "¿Dónde estás tú?", podemos responder: "¿Estoy en la vida eterna. Con la ayuda de Jesucristo, tengo el poder de la victoria sobre la muerte. Entraré en el cielo eterno."

El apóstol Pablo dice: "¿Porque sabemos que si nuestra morada terrestre, este tabernáculo, se deshiciere, tenemos de Dios un edificio, una casa no hecha de manos, eterna en los cielos" (2 Corintios 5:1). Este versículo nos da una prueba sólida de que nuestro refugio está preparado para nosotros en los cielos. Viviremos eternamente en un lugar sin lágrimas, muerte ni desesperación.

Todas estas cosas son dones que Jesucristo nos da a cada uno en respuesta a la pregunta de Dios. Por medio de Jesucristo vivimos en perdón y justicia, en reconciliación y en el Espíritu Santo, en tratamiento y en salud, y recibimos la vida eterna en los cielos.

Por Jesucristo podemos ponernos de pie cuando se nos hace la pregunta original, "¿Dónde estás tú?", para responder con satisfacción a nuestro Dios.

Desde los tiempos de Adán, el hombre ha vivido con temor e incertidumbre, y debido a su sentimiento de culpa, ha buscado constantemente maneras de evitar el encuentro cara a cara con Dios. Sin embargo, para quienes han llegado ante nuestro Señor Jesucristo, han vencido su pasado y han adquirido los derechos de la fe, la esperanza y el amor.

> *Querido Señor, lleno de bondad y*
> *misericordia, te damos gracias por habernos*
> *salvado a nosotros que merecíamos la muerte*
> *eterna. Por favor, ábrenos un nuevo camino*
> *de vida y ayúdanos a recordar siempre la luz*
> *que nos muestra el camino a la salvación*
> *eterna. En el nombre de Jesucristo. Amén.*

Jesucristo, el Sumo Sacerdote

En los días del Antiguo Testamento, después que Dios entregó las leyes a los israelitas, si alguien quería adorar a Dios y dar una ofrenda, primero debía ver a un sacerdote del Señor. No cualquiera podía ofrecer un sacrificio, sino solo los sacerdotes que Dios designaba para ese propósito. La presentación de un sacrificio a Dios era derecho y responsabilidad del sacerdote.

Aun entre los sacerdotes había tan solo un sumo sacerdote que estaba facultado para entrar en el lugar santísimo del templo. En tiempos normales, el sumo sacerdote representaba a todos los israelitas y ofrecía los sacrificios a Dios.

Uno de los deberes más importantes del sumo sacerdote era entrar en el santuario una vez al año para adorar y presentar una ofrenda para remisión de los pecados de todos los israelitas. En tales ocasiones el sumo sacerdote tenía que llevar la sangre de un animal y rociarla sobre el propiciatorio. Al hacerlo, todos los pecados cometidos por los israelitas durante el año pasado quedaban perdonados.

De esta manera, el sumo sacerdote, un hombre escogido por Dios, representaba a los israelitas y ofrecía un servicio de adoración y presentaba el sacrificio al Señor. Era importante que el sumo sacerdote fuera un hombre y que Dios lo eligiera. Ni los ángeles ni otros seres que no fueran hombres podían asumir esta responsabilidad. Solo un hombre escogido por Dios podía representar a otros hombres y orar por el perdón de Dios.

Debido a esta limitación, Jesucristo tomó carne de hombre y vino al mundo como hombre para ser el eterno sumo sacerdote para todo el pueblo y para todos los tiempos.

Siendo así, "¿cómo llegó Jesucristo a ser nuestro sumo sacerdote?"

Escogido por Dios

A fin de estar calificado para ser sumo sacerdote, Dios debe llamar a la persona. En la Biblia podemos ver que Dios designó a Aarón como sumo sacerdote (Éxodo 40:12-15). Así, no importa cuál sea la persona, si Dios no la llama, no puede ser sumo sacerdote.

En la actualidad muchos se ofrecen voluntariamente para ser siervos de Dios por su propia cuenta. A todos los que llegan ante mí a pedir consejo acerca de su meta de ser siervo de Dios, les digo: "¿Para ser siervo de Dios tiene que haber un llamado de Él. ¿Lo ha llamado Dios?"

Luego añado: "¿Si en realidad tuviera ese llamado, decidiría firmemente ser un siervo de Dios sin dudas en su corazón. Entonces perdería todo interés en trabajos relacionados con el mundo y solo ardería con el deseo de ser un siervo de Dios." Así como Dios llamó a Aarón para ser sumo sacerdote, aun hoy día debe haber un llamado de Dios para ser su siervo.

Jesús también llegó a ser sumo sacerdote por dicho llamamiento. Hebreos 5:5 dice: "¿Así tampoco Cristo se glorificó a sí mismo haciéndose sumo sacerdote." Esto muestra que Jesús no se hizo sumo sacerdote por su propia voluntad, sino siguiendo el llamado de Dios.

En segundo lugar, puesto que el sumo sacerdote debe una persona, Jesús vino desde la gloria celestial para tomar cuerpo físico y hacerse hombre.

Aunque sigue siendo Dios, el Espíritu Santo lo concibió en el cuerpo de la virgen María, quien lo dio a luz como un hombre completo. A Jesucristo, que de esta forma vino al mundo como un perfecto hombre, Dios lo eligió para ser el sumo sacerdote que ofrecería un sacrificio a Dios por la salvación de todo el pueblo.

Jesús del orden de Melquisedec

En un principio, Dios hizo un pacto con los israelitas y les dio leyes. Al hacerlo, eligió al levita Aarón y a sus hijos para que fueran sumos sacerdotes. Desde entonces, todos los sumos sacerdotes fueron de ese orden y quien no fuera del orden de Aarón no podía ser sumo sacerdote. Todos los sumos sacerdotes, incluso Aarón, fueron guardas y testigos de la ley de Dios.

Sin embargo, Jesús no vino como guarda de la ley de Dios ni como testigo de ella. Vino como testigo de bendición. Por consiguiente, no podía seguir los pasos de Aarón para ser sumo sacerdote. Si lo hubiera sido según el orden de Aarón, habría estado dentro de las leyes y habría sencillamente otro guarda y testigo de las leyes de Dios; nada más que un simple sacerdote.

En el caso de Jesucristo, vino al mundo para abolir las leyes y el pacto que regía en el período del Antiguo Testamento. Hizo un nuevo pacto para la era del Nuevo Testamento y no descendió de la línea de Aarón, sino del orden de Melquisedec, por la línea de Judá.

En Hebreos 7:1-3 dice: "¿Porque este Melquisedec, rey de Salem, sacerdote del Dios Altísimo, que salió a recibir a Abraham que volvía de la derrota de los reyes, y le bendijo, a quien asimismo dio Abraham los diezmos de todo; cuyo nombre significa primeramente Rey de justicia, y también Rey de Salem, esto es, Rey de paz; sin padre, sin madre, sin genealogía; que ni tiene principio de días, ni fin de vida, sino hecho semejante al Hijo de Dios, permanece sacerdote para siempre."

De modo que Melquisedec no tiene linaje ni principio de días, pero recibió una bendición de Abraham, el padre de los levitas, para ser sacerdote de Dios.

Asimismo, Jesús no era del linaje levita, sino llegó a ser sumo sacerdote superando a cualquier otro sacerdote terrenal y no solo fue sumo sacerdote de los israelitas, sino también de todo el mundo.

Cuando vino como el sumo sacerdote para el mundo, la historia del mundo cambió de la era del Antiguo Testamento a la del Nuevo, pasó de la ley al perdón. Por consiguiente, si alguien con fe viene ante Jesucristo, que llegó a ser el sumo sacerdote del mundo, puede también entrar en la presencia de nuestro Dios.

Salvación eterna

Para que el sumo sacerdote sea capaz de adorar a Dios y orar por los pecados del pueblo, antes tiene que entender al pueblo. Solo así puede pedir perdón del Señor con compasión y amor a la gente.

Jesús vino al mundo y sufrió todas las debilidades del mundo y del hombre, como cualquiera de nosotros.

"¿Porque no tenemos un sumo sacerdote que no pueda compadecerse de nuestras debilidades, sino uno que fue tentado en todo según nuestra semejanza, pero sin pecado" (Hebreos 4:15).

Por lo tanto, debido a que vino al mundo con cuerpo físico y con todas sus flaquezas, Jesús puede entender nuestras debilidades y circunstancias.

Más aun, a pesar de las debilidades del cuerpo físico, obedeció la voluntad de Dios hasta lo sumo y sufrió cargando la cruz, que es la más difícil de las tareas para cualquier persona. Jesús nos dejó un ejemplo de victoria sobre nuestra debilidad humana mediante la fe y la obediencia.

Cuando enfrentamos "tentaciones" que parecen tan amenazadoras para nuestra vida como el fuego, no debemos desesperar ni llorar. A medida que enfrentamos tales "tentaciones", debemos acudir más a Jesucristo para recibir fortaleza. Puesto que Cristo experimentó nuestras debilidades físicas, no abandonará nuestras oraciones, las responderá. No solo eso, si vamos ante Jesucristo, el sumo sacerdote para toda persona sobre la tierra, perdonará todos nuestros pecados y nos dará vida eterna.

Para todos los creyentes hay un sumo sacerdote que es
Jesucristo. Él derramó su sangre para lavarnos de nuestros
pecados y su cuerpo recibió el castigo para abrir a
todos los hombres el camino hacia Dios.

Oh Dios vivo, ayúdanos a acudir a ti y a
abrir nuestros corazones, de rodillas delante
de ti y de Jesucristo, que es el sumo sacerdote
de todos nosotros, para que recibamos las
bendiciones que nos tienes preparadas. Te lo
ruego en el nombre de Jesucristo. Amén.

Tres aspectos del ministerio de Jesús

Cuando los niños observan las acciones de sus padres y escuchan
sus palabras, inconscientemente comienzan a imitarlos. Como resultado,
padres de mucho carácter crían hijos de similar carácter y
padres de débiles de carácter crían hijos que no consideran a sus
mayores y tienen modales rudos. Los principales modelos de conducta
para los hijos son los padres y esto convierte las acciones y
palabras de los padres en algo muy importante.

Entonces, para los que creímos y nacimos de nuevo en Él, ¿cuál
es nuestro modelo de conducta?

Dicho modelo de conducta es Jesucristo y la Biblia que testifica
de Él. Mediante la Biblia conocemos las grandes obras que Jesús
hizo por el mundo y en este mundo. Y como creyentes en Cristo,
así como los hijos siguen las pisadas de sus padres, tenemos que seguir
e imitar las acciones y palabras de Jesucristo.

El ministerio de predicar el evangelio

Antes de comenzar su ministerio en este mundo, de acuerdo
con la voluntad de Dios, Jesús fue bautizado por Juan el Bautista
en el río Jordán. Luego, dirigido por el Espíritu Santo, fue al desierto
para que el diablo lo tentara. Todas las tentaciones del diablo se

vencieron con su poderosa palabra. Después, Jesús predicó el evangelio del Reino con las palabras: "Arrepentíos, porque el reino de los cielos se ha acercado" (Mateo 4:17).

Jesús no solo predicó el evangelio, sino que además encargó la tarea a sus discípulos. Envió a sus doce discípulos a todo lugar del mundo conocido y, según el relato: "A estos doce envió Jesús, y les dio instrucciones, diciendo: Por camino de gentiles no vayáis, y en ciudad de samaritanos no entréis, sino id antes a las ovejas perdidas de la casa de Israel. Y yendo, predicad, diciendo: El reino de los cielos se ha acercado. Sanad enfermos, limpiad leprosos, resucitad muertos, echad fuera demonios; de gracia recibisteis, dad de gracia" (Mateo 10:5-8). Además, Jesús ordenó a setenta seguidores que predicasen el evangelio y les dijo: "Sanad a los enfermos que en ella haya, y decidles: Se ha acercado a vosotros el reino de Dios" (Lucas 10:9). Además dejó la orden a todos sus seguidores de que predicaran el evangelio por todo el mundo antes de su segunda venida.

Cada persona e iglesia que quiera seguir las pisadas de Jesús debe predicar el evangelio al mundo. Más importante aun, el evangelio debe predicarse a todo el mundo. Esta es la verdadera obediencia a la comisión de Jesús, agradable a Él.

El ministerio de la enseñanza

Mientras vivía en la tierra, Jesús cumplió su tarea de maestro y por dondequiera que iba enseñaba a la gente el evangelio del reino de los cielos. Jesús nos dejó muchas enseñanzas en el Sermón del Monte y como ejemplo para todas nuestras oraciones nos enseñó el Padrenuestro. Estas cosas las enseñó en diversos lugares. Las enseñó en la playa, en la barca de Pedro y en varios pueblos y aldeas que visitó. El día de reposo enseñaba en el templo.

Al enseñarle a la gente sobre el cielo utilizó diversos métodos para que se entendieran con facilidad sus enseñanzas. Dentro de la variedad de métodos que Jesús usó, los más notables son las parábolas. Como ejemplo del reino de los cielos relató las parábolas del sembrador, la levadura, el hijo pródigo, las diez vírgenes y otras.

Puesto que enseñaba con poder, sabiduría y autoridad, mucha gente quedaba cautivada y elogiaba sus enseñanzas.

Antes de su ascensión al cielo, Jesús dijo: "¿Por tanto, id, y haced discípulos a todas las naciones, bautizándolos en el nombre del Padre, y del Hijo, y del Espíritu Santo; enseñándoles que guarden todas las cosas que os he mandado; y he aquí yo estoy con vosotros todos los días, hasta el fin del mundo" (Mateo 28:19-20). Al decir esto, nos dejó el mandamiento final de predicar el evangelio a todos los pueblos de la tierra.

Los que deseamos imitar la vida de Jesús tenemos que aprender todo lo que quiere enseñarnos y no solo conformarnos a seguir su voluntad, sino a ir por todo el mundo y predicar su mensaje.

El ministerio de sanar enfermos

Al desarrollar su ministerio de dar salvación al mundo, las dos terceras partes de su obra en la tierra se encaminó a sanar enfermos. Por dondequiera que iba, Jesús sanaba enfermos y esto hacía que tantos de ellos lo rodearan en todas partes.

Demos un vistazo a dichos sucesos en Mateo 4:23-24: "Y recorrió Jesús toda Galilea, enseñando en las sinagogas de ellos, y predicando el evangelio del reino, y sanando toda enfermedad y toda dolencia en el pueblo. Y se difundió su fama por toda Siria; y le trajeron todos los que tenían dolencias, los afligidos de diversas enfermedades y tormentos, los endemoniados, lunáticos y paralíticos; y los sanó."

De esta manera, Jesús fue por la tierra sanando a los que sufrían enfermedades. Más aun, Jesús resucitó muertos. Mandó a la hija de Jairo que resucitara de entre los muertos (Lucas 8:49); ordenó al hijo único de la viuda de Naín que saliera del féretro (Lucas 7:11-15). Resucitó a Lázaro después que estuvo muerto cuatro días: "Estaba entonces enfermo uno llamado Lázaro, de Betania, la aldea de María y de Marta su hermana. (María, cuyo hermano Lázaro estaba enfermo, fue la que ungió al Señor con perfume, y le enjugó los pies con sus cabellos.) Enviaron, pues, las hermanas para decir a Jesús: Señor, he aquí el que amas está enfermo.

Oyéndolo Jesús, dijo: Esta enfermedad no es para muerte, sino para la gloria de Dios, para que el Hijo de Dios sea glorificado por ella" (Juan 11:1-4).

Jesús dice que todo el que cree en Él y en Dios puede recibir el poder de sanar para hacer la obra como sanador (Marcos 16:17-18). Según esta palabra, después de la ascensión de Jesús al cielo, muchos de sus discípulos recibieron este poder y sus manos sanaron muchos enfermos.

La obra de sanar enfermos aún hoy se hace a través de todo el mundo en la medida que Dios da este poder a sus seguidores. Por consiguiente, nosotros, como seguidores de Jesucristo, también debemos recibir el poder de sanar enfermos y ser sanadores a semejanza de Jesús.

Jesucristo es el Gran Pastor que vigila y protege nuestros espíritus, el Gran Maestro que enseña la verdad acerca del reino de los cielos y el Gran Sanador que cura todas nuestras enfermedades físicas. Estas tres funciones fueron las que desempeñó Jesucristo y son también por las que nosotros debemos esforzarnos como creyentes.

> Como discípulos de Jesús en el día de hoy, tenemos que asumir la obra de la predicación del evangelio, la enseñanza del evangelio, y la sanidad de los enfermos de todas las naciones de este mundo.

Oh Dios vivo, ayúdanos a obedecer el
mandato que Jesús nos dio a todos de
predicar el evangelio, enseñar tus obras y
sanar a los enfermos, para que seas
glorificado y tu reino se llene de personas que
te adoran. En el nombre de Jesucristo. Amén.

Jesucristo, el que limpia el templo

Cuando llegaban las fiestas judías, Jesús primero iba al templo a adorar.

Sin embargo, el templo estaba lleno de vendedores y compradores de mercaderías. Las voces de los cambistas, los balidos de los animales y el bullicio de la gente que se movía con sus cosas, constituía un ambiente ensordecedor.

Ante tal espectáculo, Jesús persiguió a los vendedores, trastornó las mesas de los cambistas y de los vendedores de palomas. Jesús exclamó: "Mi casa, casa de oración será llamada, mas vosotros la habéis hecho cueva de ladrones" (Mateo 21:13). Dicho esto los expulsó de allí.

¿Por qué Jesús entró en el templo y lo purificó? ¿Qué significado tiene su acto para nosotros en el día de hoy?

El significado de la restauración del templo

Un templo es un lugar sagrado para el culto donde adoramos a nuestro Dios que creó todo lo que hay en este mundo. Dios habitaba en el templo y allí su pueblo lo adoraba.

Sin embargo, cuando Jesús comienza su obra, en vez del templo ser un lugar sagrado dedicado al culto, se había transformado en un lugar de compra y venta de animales para el sacrificio, un lugar de cambio de monedas, un centro de negocios más a la manera del mundo que un lugar representativo de la santidad de Dios.

Los adoradores que venían de regiones distantes tenían muchos problemas en la preparación de los sacrificios para el culto, así que llegaban hasta el templo y compraban animales o aves para el sacrificio a los mercaderes que allí había. Además, todos los varones de más de veinte años tenían la obligación de pagar medio siclo como impuesto para beneficio del templo. La moneda circulante de la época era la romana. De ahí que los que pagaban impuestos necesitaban cambiar sus monedas romanas por el siclo hebreo.

Así que, aprovechándose de la situación, los mercaderes y cambistas hicieron tratos con el sumo sacerdote del templo para realizar sus negocios en el templo. Como resultado de la ceguera provocada por la codicia de los sacerdotes y de los mercaderes, el culto sagrado a Dios se convirtió en una pura formalidad y el santo templo llegó a ser una guarida para los negocios de los mercaderes y cambistas.

Por esta razón Jesús alzó su mano justiciera y persiguió a los mercaderes, trastornó las mesas de los cambistas y de los vendedores de palomas. Luego pidió a la gente que comprendiera el verdadero significado del templo y que mantuvieran su santidad.

Jesús, el Templo

En la Biblia podemos ver que ya al principio de su ministerio, Jesús limpió el templo (Juan 2:13-22). Ya entonces Jesucristo expulsó a los vendedores y cambistas del templo de Jerusalén. "Y dijo a los que vendían palomas: Quitad de aquí esto, y no hagáis de la casa de mi Padre casa de mercado" (Juan 2:16).

Entonces los judíos se agolparon rodeando a Jesús y le preguntaron: "¿Qué señal nos muestras ya que haces esto?" (Juan 2:18). Jesús respondió: "Destruid este templo, y en tres días lo levantaré" (Juan 2:19). Entonces los judíos le preguntaron: "¿En cuarenta y seis años fue edificado este templo, ¿y tú en tres días lo levantarás?" (Juan 2:20).

Cuando Jesús habló de levantar el templo, se refería al templo que es su cuerpo. Destruir y volver a levantar el templo significaba su muerte en la cruz y su resurrección que ocurriría tres días después de su muerte.

Por qué Cristo destruyó el templo

Adán y Eva, creados a la imagen de Dios, disfrutaban una vida de santidad en el huerto de Edén y tenían libertad para estar en comunión con Dios. Sin embargo, sucumbieron ante la tentación del diablo y desobedecieron a Dios. Después de la desobediencia cayeron de la gracia y fueron expulsados del Edén.

Como resultado, los descendientes de Adán (el hombre) tuvieron que llevar una vida de corrupción y pecaminosidad. Llevaron una vida superflua de desobediencia e incredulidad. El destino final de tales personas era la cólera y el juicio de un Dios airado que las lanzarían al lago de fuego para vivir la eternidad en los tormentos.

Jesucristo vino a este mundo a sufrir la cruz, a poner su cuerpo para el castigo, a derramar su sangre para salvar a la humanidad cuyas almas se habían degenerado hasta ese momento, e hizo posible que tuvieran una vida de santidad. Para lograrlo, destruyó el camino que buscaba la vida a través de la idolatría, el engaño, los celos y los desvaríos. En su lugar, Jesús estableció el orden de la vida en amor, esperanza, paz y santidad. Además, llevó sobre sí las debilidades físicas del hombre cargando las flaquezas físicas del cuerpo humano e introdujo la sanidad. Además, después de sufrir la muerte y de resucitar, Jesucristo hizo provisión para que sus seguidores tuvieran entrada al cielo. Envió el bendito Espíritu Santo a la tierra no solo para nuestras almas, sino para una vida de justicia en este mundo.

De esta manera Jesús demolió y derribó el templo que era su cuerpo físico y, al hacerlo, ha llevado al hombre al camino que conduce a la salvación y a la vida eterna.

Todo aquel que ha entrado en este nuevo orden que Jesús estableció para nosotros, tendrá una vida de santidad y ya no debe andar por la senda de los deseos carnales. Quienes han recibido la bendición de la sangre deben vivir como ciudadanos del reino de Dios y deben tener comunión con Él por medio del Espíritu Santo.

Nuestros cuerpos, templos de Dios

La Biblia también nos dice que nuestros cuerpos son templos de Dios.

"¿No sabéis que sois templo de Dios, y que el Espíritu de Dios mora en vosotros? Si alguno destruyere el templo de Dios, Dios le destruirá a él; porque el templo de Dios, el cual sois vosotros, santo es" (1 Corintios 3:16-17).

Puesto que Dios es santo, si nuestros cuerpos que son templo de Dios no son santos, Él no puede morar en nosotros. Por lo tanto,

debemos conservar cuerpo y mente en santidad con la ayuda de la
sangre de Cristo.

¿Cómo podemos mantener nuestros cuerpos en santidad dado
que somos débiles y menesterosos? Aun cuando no podemos ser
santos por nuestros propios recursos, mediante la oración y la Palabra de Dios, y con la ayuda del Espíritu Santo, podemos ser santos
(1 Timoteo 4:5; 1 Pedro 1:2).

El Espíritu Santo entrará en nuestras almas y nos llenará de santidad si le reconocemos y lo recibimos con gozo. Además, tenemos
que orar con fervor, amar la Palabra de Dios y vivir conforme a
ella para conservar nuestros cuerpos como templo para el Señor.

> Jesucristo ofreció su propio cuerpo en la cruz para que
> pudiéramos ser santos. El Espíritu Santo usa nuestro
> cuerpo como templo para morada suya y nos guía a
> una vida de santidad.

> *Oh Espíritu Santo, limpia con la sangre de*
> *Jesucristo nuestros cuerpos que son tu templo,*
> *y ayúdanos a tener una vida de santidad.*
> *Bendícenos para que el Espíritu Santo nos*
> *guíe a una vida que te glorifique. En el*
> *nombre de Jesús. Amén.*

Jesucristo el Siervo

El clima de Palestina es muy seco y el viento levanta mucha arena
en todo el territorio. Por eso, al regresar de sus viajes, la gente tenía
que lavarse con agua para quitarse el polvo y la arena de los pies.
También, cuando tenía un invitado a cenar, el dueño de casa orde-
naba que los siervos lavaran los pies de los invitados antes de cenar; esta era una tradición normal de práctica cotidiana que se hacía sin necesidad de pensarlo mucho.

Antes que los soldados romanos lo prendieran, Jesús y sus discípulos se reunieron en el aposento alto de la casa de Marcos para celebrar la Pascua. Sin embargo, nadie se ofreció para lavar los pies a Jesús antes de cenar.

Ninguno se ofreció a hacerlo porque en la sociedad judía quien lavaba los pies era la persona de más baja categoría en la escala social. Por eso es que cada discípulo miraba a los demás para que hicieran esa tarea. Jesucristo notó esta incómoda situación, dejó su asiento, se quitó la túnica, tomó una toalla y se la ató a la cintura, y con agua en un lebrillo, lavó los pies a los discípulos.

El hecho de que el Maestro lavara los pies de sus discípulos no tuvo precedentes. Más aun, Jesús hizo esto mientras los discípulos discutían entre sí quién ocuparía la posición más alta para ser el primero al que le lavaran los pies. Esto no solo enseñó una lección a los discípulos, sino también nos enseña una lección a los que vivimos en el mundo moderno.

La lección del silencio

Al lavarles los pies a sus discípulos, Jesús dio a sus discípulos una lección en silencio. Fue una lección sorprendente para los discípulos que habían estado tratando cada uno de imponerse sobre el otro.

Aunque siguieron a Jesús durante tres años y aprendieron muchas de sus enseñanzas, los discípulos no entendían del todo por qué Jesús vino al mundo. Para enseñarles a esos discípulos verdadera sabiduría, Jesús planeó compartir el pan y el vino con ellos y hablarles acerca de su muerte de cruz ya cercana. Para hacerlo, se paró de la mesa en que estaba la cena y comenzó a lavar los pies de cada discípulo para convertirse en un verdadero ejemplo para ellos.

Después que Jesús lavó los pies a todos los discípulos, les dijo: "Y el que de vosotros quiera ser el primero, será siervo de todos. Porque el Hijo del Hombre no vino para ser servido, sino para servir, y para dar su vida en rescate por muchos" (Marcos 10:44-45).

Jesús dijo además: "De cierto, de cierto os digo: El siervo no es mayor que su señor, ni el enviado es mayor que el que le envió. Si sabéis estas cosas, bienaventurados seréis si las hiciereis" (Juan 13:16-17).

Nosotros, los que vivimos en estos tiempos, debemos aprender del ejemplo de Jesucristo y debemos llevar vidas que honren a los demás.

La palabra "servicio" tiene un doble sentido. Uno se aplica a la palabra "culto" y el otro sentido es "servir a los demás", una especie de sacrificio personal. Para el creyente la doble idea de culto y sacrificio personal no pueden separarse. Debemos honrar a Dios con fervor mediante la adoración y tenemos el deber de servir al prójimo y a nuestros hermanos con el amor de Jesucristo.

Cuando servimos al prójimo con la misma actitud con que honramos a Dios, obtenemos maravillosos frutos de nuestra labor y nos convertimos en sal de la tierra y luz del mundo, cumpliendo nuestros deberes como hijos de Dios.

El servicio completo

Jesús oró en la ladera del monte del huerto de Getsemaní: "Padre mío, si es posible, pase de mí esta copa" (Mateo 26:39). Mediante esta oración solo comenzamos a sondear la grandeza del sufrimiento requerido para llevar los pecados de este mundo. Sin embargo, la oración final de Jesucristo fue: "Pero no sea como yo quiero, sino como tú" (Mateo 26:39). Esta fue una manifestación de la completa devoción y honra a Dios por parte de Jesucristo. El Señor estaba dispuesto a asumir esta gran responsabilidad porque estaba de acuerdo en que los sufrimientos de la cruz estaban en conformidad con el deseo y el plan de Dios y que sería un sacrificio personal (un servicio) no solo para Dios, sino también para el hombre creado a la imagen de Dios.

"El cual siendo en forma de Dios, no estimó el ser igual a Dios como cosa a que aferrarse, sino que se despojó a sí mismo, tomando forma de siervo, hecho semejante a los hombres; y estando en la condición de hombre, se humilló a sí mismo, haciéndose obediente hasta la muerte, y muerte de cruz" (Filipenses 2:6-8).

Aunque Jesucristo también era Dios, se separó de Él y vino a la tierra usando un cuerpo físico para nacer en un pesebre. Después lo clavaron en la cruz para mostrar su servicio completo al gran designio de Dios.

Como respuesta, Dios resucitó a Jesucristo que le sirvió en forma completa. La Biblia afirma: "Por lo cual Dios también le exaltó hasta lo sumo, y le dio un nombre que es sobre todo nombre, para que en el nombre de Jesús se doble toda rodilla de los que están en los cielos, y en la tierra y debajo de la tierra; y toda lengua confiese que Jesucristo es el Señor, para gloria de Dios Padre" (Filipenses 2:9-11).

Por tanto, no solo debemos aceptar la vida de Jesucristo que sirvió a Dios en forma total, sino también debemos recibir y reflejar esta imagen que es de Jesucristo. Cuando lo hacemos nos convertimos en verdaderos discípulos y siervos del Señor.

Además, como Jesús sirvió a Dios y a los discípulos en la última cena, también nosotros podemos vencer las dificultades y las situaciones adversas cuando servimos a Dios y a nuestro prójimo. En realidad, las dificultades pueden hacer resplandecer nuestra fe y se pueden convertir en conductos a través de los cuales fluyan las bendiciones. No importa cuán largo y tenebroso sea el túnel de las dificultades que estemos atravesando, si seguimos con la misma actitud de servicio a Jesús, así como a nuestro cónyuge y al prójimo, podemos vencer las dificultades y convertirlas en una feliz victoria.

Por consiguiente, siempre debemos vivir para servir a los demás. No solo tenemos el deber de servir a Jesucristo como nuestro Salvador, sino también servir a nuestros padres, a nuestros cónyuges y a nuestro prójimo. Además, cuando nuestros enemigos tienen hambre, tenemos el deber de darles de comer. Entonces Dios nos levantará y nos recompensará delante de nuestros enemigos y llenará nuestras copas hasta rebosar.

Jesucristo dio el ejemplo a los demás al lavar los pies de los discípulos. Nosotros también tenemos que adoptar esta actitud de servicio hacia los demás como creyentes maduros, y dar la gloria a nuestro Dios.

Querido Dios, que eres la luz de este mundo, esperamos vivir como Jesucristo lo hizo, que se humilló ante tu voluntad aun hasta la muerte. Ayúdanos a ser como Jesús para servir a los demás como creyentes maduros y de esa forma glorificar tu nombre. En el nombre de Jesús. Amén.

6

¿Por qué sufrió Jesús?

Después de terminar de orar en el huerto de Getsemaní, Jesús fue arrestado por sus perseguidores. Lo llevaron ante el sumo sacerdote Caifás y lo golpearon. Le escupieron el rostro, le dieron puñetazos, le dieron palmadas y lo ridiculizaron diciendo: "Profetízanos, Cristo, ¿quién es el que te golpeó?" (Mateo 26:68).

Después de golpearlo y ridiculizarlo, lo llevaron ante Poncio Pilato, quien lo interrogó y luego ordenó que los soldados romanos lo azotaran. Ante cada golpe del látigo sobre su espalda, la carne del cuerpo de Jesús se abría y la sangre corría de sus heridas.

Además, lo desvistieron y le pusieron una túnica roja y una corona de espinas en la cabeza. Los soldados romanos golpeaban la cabeza a Jesús con una caña, le escupían y le decían: "¡Salve, Rey de los judíos!" Después de divertirse con Él, le pusieron de nuevo sus ropas y lo llevaron al monte Calvario donde lo clavaron a la cruz.

Como a las tres de la tarde, Jesús ya no podía soportar sus sufrimientos y exclamó: "Dios mío, Dios, mío, ¿por qué me has desamparado?"

Luego gritó: "¡Consumado es!" Finalmente dijo: "Padre, en tus manos encomiendo mi espíritu." Después de estas palabras, murió. Jesús murió en la cruz después de atroces sufrimientos y dolores.

Entonces, ¿por qué el Hijo unigénito de Dios, Jesucristo, que no tenía pecado, tuvo que padecer tantos sufrimientos y dolores?

Libres de tristeza y dolor

La tristeza y el dolor son como una atadura a la que todos los hombres están encadenados. Con esas ataduras sobre el hombre, uno ha perdido la paz y el descanso y lucha con desesperación. Jesús murió en la cruz para liberar al hombre de su lucha contra la desesperación. Si alguien cree en Jesucristo y confía en Él, será liberado de la tristeza y el dolor.

Hasta el día de hoy, Jesús llama a los que padecen y se lamentan de tristeza y dolor: "Venid a mí todos los que estáis trabajados y cargados, y yo os haré descansar" (Mateo 11:28).

¡Qué gran bendición es esta! Los que creen en Jesucristo y confían en Él quedarán libres de tristezas y pesar para recibir la bendición de tener una vida feliz.

Libres de faltas y pecado

Cuando Jesucristo estaba en la cruz, clavaron sus pies y sus manos al madero con grandes clavos y tuvo que usar una corona hecha de espinas. Por esto Jesús quedó cubierto de heridas y de sangre.

¿Por qué el Hijo de Dios tuvo que sufrir un castigo tan severo?

La razón de tantos sufrimientos de Jesús son nuestras faltas y pecados. Todo hombre tiene algunas faltas, unas pueden ser pequeñas, otras grandes. También el hombre está atado al pecado y lleva una vida de sufrimientos a causa de él. Para librar al hombre de estas dos condiciones, Jesucristo tuvo que padecer tan grandes sufrimientos en la cruz. En Isaías 52:14 se puede ver el alcance de sus sufrimientos: "Como se asombraron de ti muchos, de tal manera fue desfigurado de los hombres su parecer, y su hermosura más que la de los hijos de los hombres."

De esta manera, puesto que Jesús fue el sacrificio por nuestros pecados, la puerta que lleva al perdón, la salvación y la vida eterna quedó plenamente abierta para el hombre. Así cualquiera que acuda a Cristo y se arrepienta de sus pecados, recibirá el perdón de sus faltas y pecados y vivirá como hijo del Dios justo.

Para darnos paz

Puesto que desobedecieron a Dios y cayeron de su gracia, Dios castigó a Adán y Eva y los expulsó del huerto de Edén. Como resultado, el hombre ha vivido en la desesperación y en la condenación.

Sin embargo, Jesús ocupó el lugar del hombre y llevó una corona de espinas que representaba la condenación, y fue castigado en la cruz. A través de este acto el hombre arregló la relación con Dios que era semejante a la de enemigos y recibió el derecho de tener una vida de paz con Él. También rompimos las ataduras con la condenación en cuanto a las leyes de Dios.

"Cristo nos redimió de la maldición de la ley, hecho por nosotros maldición (porque está escrito: Maldito todo el que es colgado en un madero)" (Gálatas 3:13).

Por lo tanto, para el hombre no hay nada más precioso que la gracia y la bendición de Jesucristo. La bendición que hay en Jesucristo es el único regalo de valor que una persona puede recibir cuando se arrepiente ante Dios.

La curación de los enfermos

Cada vez que los soldados romanos azotaron a Jesús, su carne se destrozaba y el sufrimiento fue mayor con su sangre derramada. Los azotes que Jesús tuvo que sufrir representaban los sufrimientos del pecado y la enfermedad que el hombre no puede eludir.

Dios quería curarnos de los males y de la enfermedad. Dios quiere bendecirnos con la sangre de Jesucristo para que recibamos la sanidad del espíritu, del cuerpo y de nuestras vidas de modo que disfrutemos de una salud integral. Todavía Jesús extiende sus manos con las cicatrices de la cruz e invita a los sufridos enfermos que acudan a Él.

Sin embargo, la respuesta de muchas personas ante el doliente Jesucristo parece ser la opuesta. Acerca de esto, Isaías dice: "Todos nosotros nos descarriamos como ovejas, cada cual se apartó por su camino; mas Jehová cargó en Él el pecado de todos nosotros" (Isaías 53:6).

En la actualidad muchas personas deliberadamente pasan por alto la bendición que hay en Jesucristo y siguen sus propios caminos. Están ansiosos de lograr fama, poder y riquezas, y procuran alcanzar comodidades. Estas acciones obvian la bendición de la muerte de cruz.

En cuanto a estas personas, el autor de Salmos dice: "El hombre que está en honra y no entiende, semejante es a las bestias que perecen" (Salmo 49:20). Solo quienes responden la invitación de Jesucristo se reconciliarán con Dios y disfrutarán su gracia.

Incluso hoy día Jesús nos habla y nos invita a abrir nuestros corazones y a venir a Él. Tenemos que entender profundamente el significado de los sufrimientos que Jesús cargó y debemos responder su llamado. Entonces Dios colmará nuestros corazones con bendiciones hasta rebosar.

Amado Dios nuestro Sanador, te damos gracias por haber perdonado nuestros pecados por medio de Jesucristo y por habernos librado de las garras de la condenación. También te damos gracias por la sanidad de nuestro espíritu, de nuestro cuerpo y de nuestra vida. Ayúdanos para que tengamos una vida llena de las bendiciones de Jesucristo que murió en la cruz. En el nombre de Jesús. Amén.

La cruz que Jesucristo llevó en nuestro lugar

Barrabás era un delincuente que había cometido horribles crímenes y fue sentenciado a morir. No tenía otra cosa que hacer en la
vida sino esperar el día en que se ejecutaría la sentencia. Finalmente, al salir el sol, lo sacaron de la celda. Temeroso de su muerte
inminente y por la falta de sueño, Barrabás estaba tenso y miraba
con ojos enrojecidos. Parecía más un animal que un hombre mientras rugía de temor y desesperación.

Sin embargo, sus oídos escucharon una noticia increíble. Un
guardia se presentó ante Barrabás, que estaba desesperado ante la
muerte, y le dijo: "Te han dado la libertad. Puedes irte a donde
quieras. Jesús va a cargar con la muerte de cruz en tu lugar."

Esto era completamente inconcebible para Barrabás. Se percató
de lo que ocurría y con una felicidad indescriptible comenzó a alejarse de la muerte. Al mismo tiempo que Barrabás disfrutaba de su
feliz momento, Jesús cargaba la cruz bajo los azotes de los soldados y avanzaba vacilante y a tropezones, luchando por mantenerse de pie, hacia la cumbre del Calvario.

De la misma manera, antes de recibir la bendición de la salvación, todos nosotros somos como el convicto Barrabás. Pero, dado
que Cristo llevó la cruz en nuestro lugar, nuestros cuerpos han sido
liberados de la muerte.

El significado de la cruz (primera parte)

Jesús no quiere que padezcamos enfermedades del alma, del
corazón y del cuerpo. Más bien, Jesús vino al mundo para darnos
vida y expulsar los malos espíritus que quieren robar, matar y destruir nuestra vida y nuestra alma. Jesús no solo quiere darnos bendiciones; en realidad quiere llenarnos hasta rebosar. Para hacerlo,
llevó sobre sí todas nuestras enfermedades en nuestro lugar y murió en la cruz derramando mucha sangre.

"Quien llevó Él mismo nuestros pecados en su cuerpo sobre el
madero, para que nosotros, siendo muertos a los pecados, vivamos
a la justicia; y por cuya herida fuisteis sanados" (1 Pedro 2:24).

Siempre que miramos a la cruz tenemos que pensar en su significado. La cruz en que Cristo murió es una cruz que puede liberarnos de la enfermedad que produce gran desesperación y tristeza, condición inherente en todo hombre que no conoce la felicidad que hay en Dios.

El significado de la cruz (segunda parte)

A Jesús lo clavaron en la cruz porque Dios lo quiso. Aunque merecíamos la condenación a causa de nuestra pecaminosidad y maldad, Jesucristo vino a morir en la cruz para protegernos de sufrir la muerte eterna. Su muerte en la cruz no solo lavó los pecados del pueblo de Israel en ese tiempo; también lavó los pecados de todos los hombres de todos los tiempos.

Debemos comprender que nuestros pecados han sido eternamente lavados por la gracia de la cruz. No importa cuánto nos esforcemos, no podemos llegar a ser justos por nuestras propias obras. Solo podemos ser justos cuando nuestros pecados son perdonados, creyendo en Jesucristo que fue clavado en la cruz y derramó su sangre.

En cuanto a los que niegan que Jesús murió en la cruz por nuestros pecados y no creen en el poder sanador de la sangre, no pueden escapar del castigo de Dios. A tales personas, Jesús les dice: "Por eso os dije que moriréis en vuestros pecados; porque si no creéis que yo soy, en vuestros pecados moriréis" (Juan 8:24).

El significado de la cruz (tercera parte)

Dios abandonó a Jesucristo ay lo colgaron en la cruz entre el cielo y la tierra. Mientras estaba en la cruz, dijo: "Dios mío, Dios mío, ¿por qué me has desamparado?" (Mateo 27:46).

¿Por qué Jesucristo, el Hijo unigénito de Dios, tuvo que ser rechazado y abandonado por Dios? Simplemente porque tenía que llevar el castigo que toda la humanidad tenía que recibir a causa de sus pecados.

Después que Adán y Eva cometieron el primer pecado, todos los hombres han pecado y no tienen acceso a la gloria de Dios. El hombre quedó en la posición de enemigo de Dios (Romanos 3:23).

Pero cuando Jesús murió en la cruz en nuestro lugar, fuimos reconciliados con Dios y se nos ha permitido participar de su gloria.

Si acudimos a nuestro Señor Dios por medio de Jesucristo, Él nos adopta como verdaderos hijos suyos. Si se elige a alguien para ser hijo de Dios, será libre de la desesperación e irá a la tierra que fluye leche y miel.

> Jesucristo murió en la cruz por nuestros delitos y pecados para que recibamos vida y ha dejado abierta la puerta para que recibamos más fe y poder.

> *Oh Señor, que nos das amor y bondad*
> *abundantes, te damos sinceras gracias por el*
> *perdón otorgado por medio de Jesucristo, por*
> *el tratamiento de nuestras enfermedades, la*
> *reconciliación con Dios y la vida eterna.*
> *Concédenos una fe firme para ir a nuestro*
> *prójimo y predicarle tu palabra. Te lo ruego*
> *en el nombre de Jesucristo. Amén.*

Las siete palabras de la cruz

Después que Jesús terminó de orar en Getsemaní, los soldados romanos lo arrestaron para que sufriera torturas y escarnio para luego colgarlo en la cruz. Jesús, a quien clavaron de pies y manos a la cruz, usó una corona de espinas y recibió azotes en las espaldas hasta que la sangre brotó en abundancia de sus heridas. Desde las nueve de la mañana hasta las tres de la tarde, unas seis horas, estuvo en la cruz y soportó dolores y sufrimientos increíbles.

Mientras sufría en la cruz, dijo siete cosas. Sus palabras de la cruz nos enseñan algunas lecciones importantes. También sirven como un instrumento importante para confirmar el significado de la salvación y el papel que los creyentes deben tener.

"Perdónalos"

Cuando cerramos los ojos, no podemos saber lo que está delante de nosotros. En forma similar, los descendientes de Adán y Eva, cuyos ojos espirituales están cerrados desde el pecado original, no podían ver al Mesías que vino a salvar al mundo; en cambio, cometieron el crimen de matarlo en la cruz. Después de cometer este grave delito de matar al Mesías, ni siquiera podían reconocer la gravedad de sus actos y del juicio que sin duda debía venir como consecuencia. Sin embargo, Jesús los miró con compasión y oró por ellos: "Padre, perdónalos" (Lucas 23:34).

De esta manera Cristo quiere perdonar a toda persona con una compasión y misericordia infinitas. Por lo tanto, a todo aquel que acuda a Jesucristo, se arrepienta de sus pecados y lo acepte como Salvador, recibirá el perdón de sus pecados y una nueva vida.

"Hoy estarás conmigo en el paraíso"

A ambos lados de Jesucristo, en el Calvario, había dos terribles ladrones en sendas cruces. En medio del increíble dolor y padecimiento en la cruz, uno de los ladrones no podía resistir más y miró a Jesús: "Si tú eres el Cristo, sálvate a ti mismo y a nosotros" (Lucas 23:39).

El otro ladrón, al oír estas palabras, reprendió al primer ladrón, y dijo: "¿Ni aun temes tú a Dios, estando en la misma condenación? Nosotros, a la verdad, justamente padecemos, porque recibimos lo que merecieron nuestros hechos; mas éste ningún mal hizo" (Lucas 23:40-41). Luego rogó a Jesús: "Acuérdate de mí cuando vengas en tu reino" (Lucas 23:42).

Jesús le respondió al segundo ladrón: "De cierto te digo que hoy estarás conmigo en el paraíso" (Lucas 23:43).

Sin duda, los ladrones que clavaron en la cruz junto a Jesús eran terribles delincuentes. Sin embargo, Jesús no preguntó cuáles fueron sus crímenes, antes bien, sin importar los crímenes ni pecados cometidos, una vez arrepentido, Jesús aceptó al hombre en el cielo como hijo de Dios.

La persona que acepta a Jesucristo como Salvador, ese mismo día abandona el cuerpo humano de muerte y vivirá eternamente con Jesucristo en el cielo donde no hay lágrimas, preocupaciones, pesares ni muerte. Siendo así, la muerte en Jesucristo ya no es un castigo, ni el fin, sino la bendición de pasar a ser un ciudadano del cielo, un nuevo comienzo como un ser espiritual en los cielos.

"Mujer, he ahí..."

Cuando clavaron a Jesús en la cruz, sus padres, su tía, la esposa de Cleofas, y María Magdalena estaban a su lado.

Aun en medio de grandes dolores y padecimientos en la cruz, Jesucristo se preocupó por su madre. Mirando a Juan dijo: "Mujer, he ahí tu hijo" (Juan 19:26). Luego dijo a su discípulo: "He ahí tu madre." Desde entonces el discípulo Juan se encargó del cuidado de María y la recibió en su casa (Juan 19:27).

A través de esto podemos ver que Jesucristo honró a sus padres. La Biblia dice enfáticamente: "Si alguno no provee para los suyos, y mayormente para los de su casa, ha negado la fe, y es peor que un incrédulo" (1 Timoteo 5:8).

Ni siquiera mientras moría Jesús olvidó la piedad filial. Debemos imitar el amor y respeto de Jesucristo por sus padres.

"Elí, Elí, ¿lama sabactani?"

Mientras estuvo en el mundo, Jesús estuvo en continua comunicación y comunión con Dios hasta el momento en que llevó sobre sí los pecados del mundo. Entonces Dios lo abandonó y su comunión quedó cortada por primera vez.

¿Por qué Dios desamparó a Jesús que no tenía pecado? La razón era que Jesús tenía que cargar los pecados de la humanidad para ofrecerle la salvación a todos.

"Elí, Elí, ¿lama sabactani? Esto es: Dios mío, Dios mío, ¿por qué me has desamparado?" (Mateo 27:46; Marcos 15:34) es una expresión de pesar que Jesucristo dijo cuando no podía soportar el dolor y el sufrimiento que la cruz le causó. Jesucristo sufrió para ocupar el lugar del hombre y el castigo por los pecados hasta el punto de que Dios lo desamparó. El Señor pagó un gran precio para brindarnos la salvación, la vida eterna. Debido al elevado precio pagado por la salvación, Dios considera a los creyentes su más valiosa posesión en toda la creación.

"Tengo sed"

Jesucristo, quien en la cruz derramó sangre y lágrimas sin fin, también sufrió "sed" humana que ardió en su garganta. El dolor de que lo abandonaran la gente, los discípulos que lo siguieron hasta hacía poco rato y Dios mismo, le provocaron sed de espíritu al mismo tiempo que sed en su cuerpo.

En la cruz, Jesús dijo: "Tengo sed."

Cristo sufrió sed física en la cruz para poder saciar nuestra sed espiritual y física. Puesto que Dios sufrió el dolor extremo de la sed, se ha permitido que el manantial de vida fluya del interior de todo cristiano (Juan 7:38).

"Consumado es"

Las palabras "Consumado es", dichas momentos antes de su muerte, son un gran canto de victoria (Juan 19:30). Representan el hecho de que Jesús pagó completamente la deuda de pecado, muerte, condenación y desesperación de cada hombre.

Jesucristo, quien es el Señor, tenía cuerpo de hombre. Vino al mundo y a través de su muerte en la cruz canceló todas las deudas acumuladas debido al pecado del hombre. Este acto liberó al hombre del pecado y la muerte y le ha otorgado el derecho de tener una vida de libertad.

"En tus manos encomiendo mi espíritu"

Antes de morir, Jesús nos mostró a dónde va a ir nuestro espíritu: "Padre, en tus manos encomiendo mi espíritu" (Lucas 23:46). Él nos ha mostrado que nuestras almas deben pertenecer a Dios. Con nuestras almas en Dios, debemos adorar al Señor con todo corazón, cuerpo y alma y tener vidas de sacrificio y devoción en Jesucristo.

Mediante estas siete declaraciones de Jesús en la cruz podemos aprender el amor que Él tiene hacia la humanidad y podemos confirmar la salvación que nos ha dado.

Jesús es Dios y hombre. Vino a este mundo para salvar al género humano y llevó una vida de obediencia, adoración y fe absolutas. En ese estilo de vida, obedeció a Dios en forma incondicional aun hasta en el momento de su muerte. Por lo que Jesús hizo Dios fue glorificado y logró que toda la humanidad se postre ante Jesucristo y le adore a Él también.

Nuestra salvación no fue posible debido a alguna coincidencia fortuita. Nuestra salvación es el resultado de que Jesús sufrió el peor dolor y tragedia posibles. Por el sufrimiento de Jesucristo en la cruz toda la humanidad recibió la posibilidad de recibir salvación.

Oh querido Dios de amor, ayúdanos a entender plenamente el significado del dolor que sufriste en la cruz, y ayúdanos para que seamos guiados por este entendimiento. Haznos verdaderos cristianos que participemos del dolor y demos nuestra vida en sacrificio para gloria tuya. En el nombre de Jesús. Amén.

El poder de la sangre

No importa quién sea usted, nadie puede vivir eternamente. Para todos los que tienen esta vida limitada, lo más importante es la vida misma.

Debido a esta limitación y con la esperanza de vencer el límite que uno tiene en las expectativas de vida, todos los hombres buscan el elixir de la vida. Con la esperanza de extender sus esperanzas de vida, la humanidad desarrolla medicamentos y lleva a cabo estudios en la ciencia médica. No solo eso, podemos decir con toda seguridad que existen muchas religiones con soluciones a este mismo problema como base de su tesis.

Sin embargo, la Biblia nos dice que la vida eterna del hombre está en las manos de Dios y en el hecho de que en tanto estemos ligados al pecado, la muerte del hombre es inevitable.

Para el hombre, encadenado al pecado y obligado a vivir en conformidad con su castigo, la vida terrenal no es otra cosa que un camino hacia la muerte. Para salvar a la humanidad de esta situación desesperada, Dios envió a Jesucristo al mundo. Mediante la muerte en la cruz y al derramar su sangre, Jesús abrió la puerta de la salvación.

Al escudriñar la Biblia encontramos que la sangre representa la "vida". El derramamiento de la sangre representa la redención, la purificación.

"Porque la vida de la carne en la sangre está, y yo os la he dado para hacer expiación sobre el altar por vuestras almas; y la misma sangre hará expiación de la persona" (Levítico 17:11).

Dado que la sangre tiene esta capacidad de limpiar y redimir, Dios había pedido a los israelitas que cuando ofrecieran un culto de adoración, rociaran con la sangre del animal sacrificado sobre el altar.

La sangre del cordero del sacrificio para nosotros en el día de hoy es la sangre de Jesucristo derramada en la cruz. En la sangre de Jesucristo se encuentra oculto un gran poder de Dios.

El poder de limpiar el pecado original

Originalmente el hombre era un ser espiritual creado a la imagen de Dios. Con la primera desobediencia de Adán, el primer hombre, el pecado entró en el mundo y, con el pecado, la muerte que se cerniría sobre todo hombre.

"He aquí que todas las almas son mías; como el alma del padre, así el alma del hijo es mía; el alma que pecare, esa morirá" (Ezequiel 18:4).

El hombre que ha muerto a causa de su propio pecado no puede liberarse a sí mismo, no importa cuánto luche para lograrlo. No importa cuánto bien haga, moral o éticamente, no puede desviarse ni un ápice de su destino de muerte.

Un hombre mata a otro de manera accidental. Temeroso del castigo que sin duda vendrá, el hombre huye. Durante muchos años, los policías no pueden prenderlo. A los pocos días de extinguida la responsabilidad penal, lo captura la policía que no había renunciado a su búsqueda. Muchos lo miraban y decían: "¡Qué mala suerte la de ese hombre!" Sin embargo, el hombre mismo dijo: "Por fin, ahora mi corazón puede descansar."

El peso de una conciencia culpable para un hombre que cometió un delito o un pecado es una carga insoportable. No puede quitar este sufrimiento de su mente si descansa en sus propias fuerzas.

Entonces, ¿cómo podemos quitar esa gran carga que es la culpa del pecado?

Solo por el poder de la sangre de Jesucristo podemos librarnos del encierro del pecado y la culpa.

"En quien tenemos redención por su sangre, el perdón de pecados según las riquezas de su gracia" (Efesios 1:7).

Esto significa que solo podemos recibir perdón de nuestros pecados por la sangre de Jesucristo.

En fe debemos aceptar el hecho de que Jesucristo derramó su sangre por nosotros para que seamos perdonados de nuestros pecados. Con esa fe debemos dar gracias por lo que la sangre ha logrado y debemos llevar una vida de gratitud por esa gracia.

El poder de la victoria sobre el diablo

El diablo tentó a Adán y Eva para que cometieran el pecado original. Una vez logrado, el diablo sujetó a toda la humanidad bajo su poder. Desde entonces, Satanás ha tratado de destruir a la humanidad desmoralizando al hombre al punto de dudar de su existencia.

Sin embargo, Jesús dice: "Ahora es el juicio de este mundo; ahora el príncipe de este mundo será echado fuera. Y yo, si fuere levantado de la tierra, a todos atraeré a mí mismo" (Juan 12:31-32).

Además, en Apocalipsis 12:11, se dice: "Ellos le han vencido por medio de la sangre del Cordero y de la palabra del testimonio de ellos y menospreciaron sus vidas hasta la muerte."

Esto significa que la sangre que Jesús derramó en la cruz ha cancelado todas las deudas de pecado de todos los hombres y ha aplastado completamente la autoridad del diablo. Por consiguiente, el diablo no puede ejercer su autoridad donde está presente el poder de la sangre de Jesucristo.

Lo siguiente me ocurrió un día. Estaba a punto de comenzar a orar. De repente, se apoderó de mí una frustración y depresión indescriptible para impedir que orara al Señor. Por mucho que me esforzaba por orar al Señor, algo seguía oprimiendo mi corazón. Entonces el Espíritu Santo me dijo: "Cree en la sangre de Jesucristo y dile al diablo que se vaya."

Inmediatamente exclamé: "Creo en el poder de la sangre de Jesucristo. Te ordeno en el nombre de Jesucristo: Vete, diablo, que me has traído temor, incapacidad y nerviosismo." En cuanto dije estas palabras, las nubes tenebrosas que me habían incapacitado desaparecieron y mi corazón se llenó de paz y confianza. Sentí que la luz brillaba en mi corazón como el sol resplandece al mediodía.

De esta manera, cuando reconocemos el poder de la sangre de Jesucristo y confesamos su poder, el diablo pierde su poder y se aparta de nosotros.

El poder de producir armonía

Dios es tanto amor como justicia. Debido a esto, aunque Dios ama a todos los pecadores, no acepta ni aprueba el pecado. Su amor y piedad por los pecadores movió a Dios a ofrecer salvación para nosotros enviando a su Hijo unigénito, Jesucristo, haciéndolo cargar la cruz para que fuera condenado en ella.

"Porque si siendo enemigos, fuimos reconciliados con Dios por la muerte de su Hijo, mucho más, estando reconciliados, seremos salvos por su vida" (Romanos 5:10).

Por lo tanto, debemos reconocer y no olvidar que gracias a que Jesucristo derramó su sangre por nosotros, nuestros pecados son perdonados y estamos reconciliados con Dios.

Más aun, la sangre de Jesucristo tiene también el poder de establecer la paz en las relaciones entre los hombres.

"Y todo esto proviene de Dios, quien nos reconcilió consigo mismo por Cristo, y nos dio el ministerio de la reconciliación; que Dios estaba en Cristo reconciliando consigo al mundo, no tomándoles en cuenta a los hombres sus pecados, y nos dio el ministerio de la reconciliación" (2 Corintios 5:18-19).

Tenemos que confiar en la sangre de Jesucristo y demoler los muros de los celos, el odio y la rivalidad entre vecinos. Por supuesto, tenemos que vivir con compasión y tolerancia.

Cuando consideramos a nuestros vecinos, no debemos juzgarlos sino recordar que también son objeto del amor de Dios y debiéramos vivir en armonía con ellos.

La sangre de Jesucristo tiene el poder de limpiar nuestros pecados y de destruir el poder de Satanás. Además, tiene el poder de establecer la paz con Dios y con la humanidad.

Oh Dios, que nos justificas, te damos gracias
por darnos la paz contigo y con nuestro
prójimo por la sangre de Jesucristo que nos
ha limpiado de nuestros pecados y ha
destruido el poder de Satanás sobre nosotros.
Ayúdanos a confiar siempre en la sangre de
Jesucristo para que podamos vivir en victoria.
En el nombre de Jesucristo. Amén.

Dos clases de cruz

La Biblia habla de dos clases de cruz. Una es la cruz que Cristo sufrió por nosotros, en nuestro lugar. La otra es la cruz que nosotros debemos cargar.

En la actualidad, muchos creyentes están confundidos en relación a estas dos cruces. Algunas personas piensan que deberían llevar ambas cruces y, cargados con el peso de las dos cruces, sufren sin necesidad. Por otra parte, algunas personas piensan que ninguna de las cruces es para ellos, sino para Cristo, y son perezosos en su vida espiritual y en su fe.

Para ser cristianos maduros, tenemos que reconocer y comprender como es debido el significado de las dos cruces.

La cruz de Jesucristo

Jesucristo vino a este mundo para liberarnos de las garras del diablo y, para lograrlo, tuvo que llevar la cruz. No hace falta que carguemos la cruz de nuevo porque Jesús ya sufrió en la cruz.

Entonces, ¿qué fue exactamente lo que Jesucristo redimió en la cruz?

En primer lugar, Jesucristo redimió nuestros pecados.

Jesucristo cargó sobre sí todos los pecados del mundo, pasados, presentes y futuros, subió a la cruz, dejó que hirieran su cuerpo y sangrara para pagar nuestros pecados delante de Dios. Por lo que Jesús hizo, no hay razón para que nos atormentemos por el peso de nuestros pecados.

En segundo lugar, Jesucristo redimió nuestras enfermedades y dolores.

Si tuviéramos que cargar el peso de la enfermedad y el dolor, no deberíamos tratar de ser salvos de la enfermedad, sino más bien aceptar nuestra mala condición. Sin embargo, al observar que Jesús dedicó gran parte de su ministerio a sanar enfermos, podemos saber claramente que la cruz de la enfermedad y el dolor no es para la humanidad.

En tercer lugar, Jesús nos redimió de la condenación.

Algunas personas que están en la extrema pobreza y en el

fracaso se consuelan diciendo: "Esta es la cruz que tengo que cargar." Sin embargo, a no ser que alguien la abrace voluntariamente debido a algún llamamiento especial de Dios, la pobreza no tendría que ser una cruz que una persona deba cargar.

Dios quiere que tengamos vida abundante para que podamos realizar muchas buenas obras y ayudar a nuestro prójimo en tiempos de necesidad (2 Corintios 9:8,11). Los sufrimientos por el pecado, la enfermedad, la pobreza y el fracaso no son cruces que debamos llevar a no ser por una decisión personal. Esto se debe a que todas estas son cruces que Jesús ya tuvo que soportar.

Cuando estos sufrimientos nos acosan, tenemos que expulsarlos en el nombre de Jesucristo y disfrutar la vida en paz, perdón y bendición.

Nuestra cruz

Jesús dijo: "El que no toma su cruz y sigue en pos de mí, no es digno de mí" (Mateo 10:38).

¿A qué se refiere exactamente "la cruz personal" que Jesús menciona?

En primer lugar, "la cruz personal" se refiere a una vida que vence los deseos del yo.

Gálatas 5:24 dice: "Los que son de Jesucristo han crucificado la carne con sus pasiones y deseos." Tenemos que negarnos los deseos de la carne y la mente y el orgullo del mundo. En cambio, debemos tomar la cruz de hacer un esfuerzo por vivir para Cristo.

En segundo lugar, la cruz personal se refiere a los sufrimientos en que incurrimos voluntariamente para seguir a Jesucristo.

San Pablo, quien predicó el evangelio en los días de la iglesia primitiva, nació en el seno de una familia noble, recibió una buena educación y con sus habilidades de fabricante de tiendas, podría haber llevado una vida de fe sencilla y cómoda. A pesar de toda su buena fortuna, voluntariamente escogió el difícil camino de ser un testigo del evangelio. Esta fue una cruz que Pablo decidió llevar para obedecer el mandato de Cristo.

En tercer lugar, una cruz en verdad personal se refiere a las persecuciones que soporta alguien por su fe en Jesucristo. La cruz que una persona lleva debido a su creencia en Jesucristo es quizás la más grande que alguien pueda cargar.

Cuando la gente cree en Jesucristo por primera vez, hay muchos creyentes que sufren persecución en su casa, y por parte de los familiares, por haber dado este paso. Sin embargo, al final vemos muchos casos en que vencen la persecución familiar y guían a su familia por el camino de la salvación. Todo cristiano debe aceptar con alegría este tipo de persecución, puesto que puede glorificar a Dios.

Vivir según la voluntad de Dios, predicar el evangelio y soportar la persecución por causa de la fe, son cruces personales que debemos cargar con gusto. No debemos rechazar ni evitar estas cruces personales. Aun así, debemos orar con fervor para recibir fortaleza para vencer nuestros pecados y orar que Dios sea glorificado.

Las bendiciones de la cruz

Si cargamos nuestras cruces personales, como debe ser, y vamos a Dios, recibiremos grandes bendiciones.

Cuando venzamos nuestro yo y soportemos la carga de nuestras cruces personales, Dios nos reconocerá delante de los demás. Quienes niegan su cruz y tienen una vida de amor con el mundo, no importa cuánto clamen: "Señor, Señor", Dios no les responderá. Pero si alguien se niega a sí mismo y sigue a Jesucristo mientras carga su cruz personal, Dios oye sus oraciones y acepta gustoso sus oraciones y, mediante las respuestas, mostrará su gran poder. Si vivimos cargando la cruz, nos llenaremos de felicidad con una vida llena de la resurrección. Pablo dice: "Llevando en el cuerpo siempre por todas partes la muerte de Jesús, para que también la vida de Jesús se manifieste en nuestra carne mortal" (2 Corintios 4:10). Si administramos en buena forma nuestras cruces personales, la vida de la resurrección de Jesús estará presente en nuestros corazones y permanecerá en nosotros.

Además, mientras llevamos nuestras cruces con fidelidad, en los cielos se prepara nuestra recompensa. Jesús dice: "Bienaventurados sois cuando por mi causa os vituperen y os persigan, y digan toda clase de mal contra vosotros, mintiendo. Gozaos y alegraos, porque vuestro galardón es grande en los cielos; porque así persiguieron a los profetas que fueron antes de vosotros" (Mateo 5:11-12).

Por lo tanto, si llevamos fielmente la cruz de nuestra fe y soportamos hasta el fin la persecución resultante de nuestra fe, cuando Jesús venga al mundo por segunda vez en medio del sonido de alabanzas de cuernos en los cielos, Dios nos recompensará y pondrá en nuestra cabeza la corona de gloria.

En la vida hay cruces que debemos llevar y cruces que tenemos que desechar. Debemos decidir bien cuál tenemos que llevar y debemos hacerlo llenos de felicidad. Cuando ocurre esto, nuestra vida se llenará de la gran gloria de Dios.

Oh Dios, te damos gracias por salvarnos de nuestros pecados, de nuestras enfermedades y de la condenación de una vez y para siempre por la sangre de Jesucristo. Ayúdanos a negarnos a nosotros mismos y a tomar nuestras cruces, y mientras seguimos las pisadas de Jesucristo, ayúdanos para que tengamos vidas dignas como discípulos suyos. En el nombre de Jesús. Amén.

7

La resurrección de Jesús, mi resurrección

Después de un helado invierno se va el viento del norte y llega la primavera. Todas las cosas de este mundo que se habían congelado comienzan a agitarse y vuelven a la vida. El agua se desliza por las ramas que parecían muertas, las colinas reviven con las flores primaverales y los cantos felices de las aves llenan el aire.

De esta manera, para quienes fuimos hechos a la imagen de Dios, nuestra vida no termina con la muerte del cuerpo. Jesucristo murió en la cruz para redimirnos de nuestros pecados y por medio de la resurrección nos ha dado vida eterna.

Si Jesucristo que es el camino, la verdad y la vida no nos hubiera redimido en la cruz y por medio de la resurrección, la humanidad no tendría otra opción sino la de vagar por la vida en pecado, estar eternamente condenada y morir. Sin embargo, mediante la redención en la cruz y por la resurrección de la muerte, todo aquel que acepta a Jesucristo nacerá de nuevo a una nueva vida.

La prueba de la resurrección de Cristo

Cuando Jesús murió en la cruz, los sacerdotes y los fariseos se acordaron que Jesús había dicho que iba a resucitar al tercer día. Entonces bloquearon la entrada del sepulcro con una gran roca para evitar que alguien entrara allí, y pusieron una guardia de soldados romanos para vigilar la seguridad de la sepultura. Sin embargo, al tercer día, el domingo, al despuntar el alba, Jesús venció la muerte y resucitó.

"Pasado el día de reposo, al amanecer del primer día de la semana, vinieron María Magdalena y la otra María, a ver el sepulcro. Y hubo un gran terremoto; porque un ángel del Señor, descendiendo del cielo y llegando, removió la piedra, y se sentó sobre ella. Su aspecto era como un relámpago, y su vestido blanco como la nieve. Y de miedo de él los guardas temblaron y se quedaron como muertos" (Mateo 28:1-4).

Al oír la noticia de la resurrección de Jesucristo, el temor venció a los sacerdotes y sobornaron a los soldados romanos para que difundieran el falso rumor de que los discípulos habían robado el cuerpo. Sin embargo, cuando los soldados arrestaron a Jesús, los discípulos lo abandonaron y huyeron de su lado para que no los apresaran junto a Él. ¿Cómo iba a ser posible que un grupo atemorizado de discípulos tuviera tanto valor para luchar contra los soldados romanos que custodiaban el sepulcro y robar el cuerpo?

Además, después de la resurrección, todos los discípulos de Jesús, salvo Juan, sufrieron el martirio por testificar de la resurrección de Cristo. Si la resurrección de Cristo no era una realidad, ¿por qué los discípulos iban a ser testigos de ese hecho hasta morir por ello? No hay nada más necio que sacrificar la vida para ser testigos de algo que sabían era falso.

En cuanto a nosotros, podemos estar seguros de la resurrección de Jesucristo por la presencia del Espíritu Santo. Cuando arrestaron a Jesús, Pedro lo negó en tres ocasiones. Sin embargo, después de recibir el Espíritu Santo, pudo convertirse en un confiado testigo de la resurrección.

"A este Jesús resucitó Dios, de lo cual todos nosotros somos testigos. Así que, exaltado por la diestra de Dios, y habiendo recibido del Padre la promesa del Espíritu Santo, ha derramado esto que vosotros veis y oís" (Hechos 2:32-33).

De manera que si el Espíritu Santo mora ente nosotros, se tiene la certeza del hecho de la resurrección de Cristo y del hecho de que Jesús hace su obra entre nosotros aún hoy día. No solo eso, también se convierte en certeza nuestra creencia de que la Iglesia que el Espíritu Santo estableció es fruto de la resurrección de Cristo.

Durante dos mil años, la Iglesia, que es el cuerpo de Cristo, se ha establecido en una cantidad que no se puede contar, y el hecho de que por medio de esas innumerables iglesias el evangelio se ha predicado en todo lugar del mundo da testimonio de la resurrección de Jesucristo.

El resultado de la resurrección de Cristo

En los museos de El Cairo, Egipto, hay muchas momias de faraones que reinaron en Egipto hace tres mil años. Aunque los féretros de oro de los faraones conservan su magnificencia y no han cambiado, los faraones mismos son solo huesos secos.

Además, aunque los restos de todos los santos y de los grandes hombres de la historia de la humanidad están todavía en el polvo de los sepulcros, el sepulcro de Cristo está vacío. Nuestro Jesucristo no está en algún sepulcro esperando que vayan adoradores a visitarlo. No cabe duda, salió vivo del sepulcro y vino a encontrarnos en la forma del Espíritu Santo.

"Porque primeramente os he enseñado lo que asimismo recibí: Que Cristo murió por nuestros pecados, conforme a las Escrituras; y que fue sepultado, y que resucitó al tercer día, conforme a las Escrituras" (1 Corintios 15:3-4).

Para los judíos que querían alguna señal, Jesucristo profetizó acerca de su resurrección hablándoles de los tres días que Jonás estuvo en el vientre del gran pez y la parábola de derribar y reedificar el templo en tres días. Además profetizó acerca de su resurrección muchas veces delante de sus discípulos.

Jesús también dijo: "No temas; soy el primero y el último; y el que vivo y estuve muerto; mas he aquí que vivo por los siglos de los siglos amén. Y tengo las llaves de la muerte y el Hades" (Apocalipsis 1:17-18).

Jesucristo, el Hijo del Dios eterno, no solo pagó nuestros pecados en la cruz; asimismo venció el Hades. Debido a Jesucristo, el diablo recibió la derrota total y ya no puede ejercer su autoridad de muerte, enfermedad y condenación sobre nosotros.

Así que, todo aquel que cree en Jesucristo y su resurrección será libre del pecado, la condenación y la muerte y heredará la gloria en el reino de los cielos.

La vida de un testigo

Los que creen en la resurrección de Jesucristo deben cambiar toda su vida para ser testigos de su resurrección. Para hacerlo, todos los seguidores deben usar el lenguaje que corresponde a quienes viven con la creencia en la resurrección. Frases como estas: "No es posible", "No puedo hacer eso", "Soy un fracaso", "Soy un perdedor", son de personas que tienen una fe muerta.

Jesús dice: "De cierto os digo que todo lo que atéis en la tierra, será atado en el cielo; y todo lo que desatéis en la tierra, será desatado en el cielo" (Mateo 18:18). Jesucristo resucitado de entre los muertos obra sus milagros hoy como lo hizo en el pasado.

Debemos ser siempre positivos en el Espíritu Santo, agresivos en nuestras metas, creativos y positivos en nuestro hablar cotidiano. Viviendo de esta manera, reflejamos la fe interna en la resurrección de Jesucristo.

También tenemos que salir hacia el mundo y ser testigos de la resurrección de Jesucristo que nos ha dado a todos la esperanza de vida. Debemos convertirnos en testigos para vivificar a quienes se han cansado de la vida y a las personas cuyas almas sufren de desaliento. Los que creen en la resurrección de Jesucristo como en su propia resurrección, no solo experimentarán los milagros de Dios en la tierra, sino participarán además en la gran resurrección para entrar en el cielo de Dios.

Debido a la victoria de Cristo sobre la muerte y su resurrección, todos los creyentes han recibido la promesa de vida eterna. Como testigos de la resurrección de Cristo, tenemos el deber de predicar esta esperanza de vida eterna a todos los que no creen.

Amado Dios de misericordia, te damos gracias por la esperanza de salvación que nos has dado mediante la victoria de Cristo sobre la muerte. Ayúdanos a tener una vida victoriosa en este mundo mientras nos aferramos de la promesa de vida eterna. En el nombre de Cristo. Amén.

La evidencia de la resurrección

La Biblia enseña que debido a que Jesucristo resucitó al tercer día y tuvo la victoria contra el pecado y la enfermedad, la desesperación y la condenación, y la muerte y las tinieblas, todos los creyentes también resucitarán y, en el momento de la Segunda Venida, los cristianos serán completamente renovados.

Por este medio, Jesucristo dio esperanzas a todos los que creen en Él. Su resurrección crea un nuevo mundo, un nuevo orden de vida, y este es un gran acontecimiento que representa la respuesta final.

¿Dónde podemos buscar evidencias de que Jesucristo resucitó?

Primera evidencia

Después de recibir el Espíritu Santo en Pentecostés, Pedro dijo: "A este Jesús resucitó Dios, de lo cual todos nosotros somos testigos. Así que, exaltado por la diestra de Dios, y habiendo recibido del Padre la promesa del Espíritu Santo, ha derramado esto que vosotros veis y oís" (Hechos 2:32-33). Y agregó: "Arrepentíos, y bautícese cada uno de vosotros en el nombre de Jesucristo para perdón de los pecados; y recibiréis el don del Espíritu Santo" (Hechos 2:38).

Pedro, que negó tres veces a Jesús antes de recibir el Espíritu Santo, se convirtió en un fiel testigo de Jesucristo.

Si aceptamos al Espíritu Santo como Pedro y decimos: "Yo estoy en el Señor y el Señor está en mí", también experimentaremos la confirmación de la resurrección de Cristo y el hecho será inamovible en nuestra mente y alma. Al experimentar el Espíritu Santo, recibimos la seguridad de la resurrección de Cristo.

Segunda evidencia

La caída de Adán de la gracia hizo que la humanidad se convirtiera en un "ser enfermo". Nuestras almas se corrompieron, nuestros corazones se llenaron de terror y nerviosismo, nuestros cuerpos sufrieron toda suerte de enfermedades y, en general, todo nuestro ser se afectó con diversas aflicciones.

Como resultado, no solo en el plano personal, sino también en las familias, las sociedades, las naciones, todo el mundo ha estado en el lecho de enfermo con la enfermedad de la guerra y la deshumanización causada por los pecados del hombre.

Sin embargo, el poder de la resurrección de Cristo puede tratar en forma completa esta enfermedad del mundo y puede darle nueva salud y esperanzas.

Un día, mientras Pedro y Juan entraban al templo, un cojo que estaba sentado a la entrada vio a Pedro y a Juan y les pidió limosna. Cuando vio al mendigo, Pedro le dijo: "No tengo plata ni oro, pero lo que tengo te doy; en el nombre de Jesucristo de Nazaret, levántate y anda" (Hechos 3:6). Diciendo estas palabras, Pedro levantó al cojo.

El cojo comenzó a sentir que la fuerza volvía a sus pies, tobillos y piernas. Se paró con firmeza, saltó y corrió mientras glorificaba a Dios y alababa su nombre.

Mucha gente vio lo ocurrido y todos quedaron maravillados. Entonces Pedro les testificó: "Mas vosotros negasteis al Santo y justo, y pedisteis que se os diese un homicida, y matasteis al Autor de la vida, a quien Dios ha resucitado de los muertos, de lo cual nosotros somos testigos" (Hechos 3:14-15). Además, cuando lo capturaron y llevaron ante las autoridades judaicas por predicar el evangelio, Pedro dijo: "En el nombre de Jesucristo de Nazaret, a quien vosotros crucificasteis y a quien Dios resucitó de entre los muertos, por Él este hombre está en vuestra presencia sano" (Hechos 4:10). La sanidad de los enfermos es la demostración de la resurrección de Cristo.

El nombre de Cristo resucitado tiene el poder de tratar nuestra alma enferma y de hacer que nuestra imagen vuelva a ser la imagen de Dios. El nombre de Cristo también trata nuestro corazón para librarnos del temor y del nerviosismo. El nombre de Cristo destruye la desesperación y el odio, así como toda suerte de enfermedades que afectan el cuerpo.

Tercera evidencia

Durante el período de la iglesia primitiva, a medida que los discípulos testificaban de la resurrección de Cristo, Dios bendecía a muchas personas y desde sus corazones fluían la fe, la esperanza y el amor.

Como resultado, entre los discípulos comenzó un movimiento de solidaridad en el que todo lo compartían. Los seguidores de Cristo testificaban de su fe, esperanza y amor, compartían los alimentos y las vestimentas, así como los lugares en que morar.

La mezquina actitud de "solo para mí" impide que una persona experimente a plenitud del milagro de la resurrección de Cristo. En nuestra familia debemos brindar amor, esperanza y fe. A los hermanos y al prójimo debemos darle nuestros afectos y nuestros bienes.

Cuando practicamos en forma constante el acto de dar, no solo experimentamos el milagro de la resurrección del Cristo vivo, sino además llegamos a ser instrumentos para testificar la gran resurrección de nuestro Cristo vivo.

La resurrección de Cristo no es un mito, sino más bien un acontecimiento real de salvación. Debemos

experimentar el gran milagro de la salvación cada día
en el corazón, en la familia, en la sociedad y en el
mundo.

*Amado Dios todopoderoso, llénanos de tu
Espíritu Santo y sana nuestro espíritu, alma
y cuerpo. Permite que mientras llevamos una
vida en que compartimos lo nuestro con el
prójimo, experimentemos la gloria de la
resurrección de Cristo. Ayúdanos a
convertirnos en osados testigos de la
resurrección de Cristo ante la gente de este
mundo. En el nombre de Cristo. Amén.*

La nueva vida en la resurrección

La gente dice a menudo: "Tener fe en algo es beneficioso de muchas maneras. No importa de qué fe se trate, no es malo tener fe."
Sin embargo, hay mucha gente que reacciona negativamente a la
fe cristiana de la resurrección de Jesucristo.

En el período de la iglesia primitiva, esta idea y la reacción de la
gente eran muy similares. Mucha gente se dejaba arrastrar por la
filosofía helenista que decía que aunque el alma es indestructible,
cuando el cuerpo muere se convierte en un puñado de polvo y ese
es el fin del cuerpo.

Las personas que estaban bajo esta filosofía negaban la resurrección física de Cristo así como la resurrección de los creyentes
en Cristo. Este conflicto hizo que provocaran muchos problemas
en la iglesia de Corinto.

¿Es la fe en la resurrección cristiana nada más que una mentira?

La existencia de la resurrección

Los cambios de estación en el curso de la naturaleza es una de las
cosas que ilustra la ley de la resurrección. Al llegar el otoño, las

hojas se marchitan y caen de los árboles. Cuando soplan las tormentas invernales los árboles presentan el aspecto de estar muertos.

Sin embargo, cuando termina el invierno y vuelve la primavera, las yemas comienzan a brotar mientras la savia asciende hacia las hojas. En el verano los árboles se llenan de hojas verdes.

Cuando observamos esta ley de la naturaleza, no solo vemos la existencia de la ley de la muerte; también podemos entender la existencia de la ley de la resurrección.

Sin embargo, esta ley de la resurrección no es un simple final, como uno pudiera pensar. La razón de esto radica en que Jesús ciertamente murió y resucitó.

Jesús dice: "Yo soy la resurrección y la vida, el que cree en mí, aunque esté muerto vivirá. Y todo aquel que vive y cree en mí, no morirá eternamente. ¿Crees esto?" (Juan 11:25-26).

Pablo dice: "Pero si se predica de Cristo que resucitó de los muertos, ¿cómo dicen algunos entre vosotros que no hay resurrección de muertos? Porque si no hay resurrección de muertos, tampoco Cristo resucitó" (1 Corintios 15:12-13). Puesto que Cristo resucitó de los muertos, nosotros también resucitaremos después de morir.

Además, Pablo no solo enseña que resucitaremos de los muertos, sino que después de nuestra resurrección tendremos una forma diferente a nuestro cuerpo terrenal.

"Se siembra en deshonra, resucitará en gloria; se siembra en debilidad, resucitará en poder. Se siembra cuerpo animal, resucitará cuerpo espiritual" (1 Corintios 15:43-44).

Esto significa que de la manera que tenemos una forma adecuada para vivir en la tierra, tendremos una forma apropiada para vivir en los cielos (1 Corintios 15:49). Un día enfrentaremos la resurrección con todos sus detalles (1 Corintios 15:51).

Las primicias de la resurrección

En la Biblia está escrito: "Acerca de su Hijo, nuestro Señor Jesucristo, que era del linaje de David según la carne que fue declarado Hijo de Dios con poder, según el Espíritu de santidad, por la resurrección de entre los muertos" (Romanos 1:3-4).

La humanidad está atada por la ley de la muerte y no tiene esperanzas debido al pecado. Jesucristo, el Hijo unigénito de Dios, vino a este mundo a salvar la humanidad, murió en la cruz y resucitó de entre los muertos al tercer día. Jesús es las primicias de la salvación.

Hay muchas pruebas de la resurrección de Cristo.

Los discípulos que recibieron el amor de Cristo vieron a Jesús resucitado. Tomás llegó a tocar la mano de Cristo marcada por el clavo que la traspasó. Los discípulos y quinientos de sus seguidores vieron a Jesús que ascendía al cielo.

Para nosotros hoy día el testigo más grande es el Consolador, el Espíritu Santo, quien testifica dentro de nosotros.

Lucas dice: "Así que exaltado por la diestra de Dios, y habiendo recibido del Padre la promesa del Espíritu Santo, ha derramado esto que vosotros veis y oís" (Hechos 2:33). El Consolador, la obra del Espíritu Santo de venir a nuestro corazón para que abramos nuestro corazón y nuestros oídos a la Biblia, es la prueba más grande que tenemos de la resurrección de Cristo.

La nueva vida de la resurrección

Los que creen en Jesucristo recibirán la nueva vida de la resurrección: "Porque por cuanto la muerte entró por un hombre, también por un hombre la resurrección de los muertos. Porque así como en Adán todos mueren, también en Cristo todos serán vivificados" (1 Corintios 15:21-22).

Ahora bien, debido a que nuestro yo murió en la cruz con Jesucristo, ya no somos esclavos. Así como Jesucristo resucitó, nosotros, a una con Él, recibiremos la vida de la resurrección.

Esta nueva vida nos la dará Jesucristo que proclama: "Yo soy el camino, la verdad y la vida." Y todos los que recibieron la nueva vida, vivirán con Jesucristo en el reino de Dios para siempre (Juan 11:26).

Aunque nosotros podamos enfrentar muchas privaciones en el mundo, con la esperanza de recibir una nueva vida algún día y vivir eternamente con Cristo, tenemos que encarar la vida con felicidad.

En Cristo hay una ley de resurrección que se yergue victoriosa sobre la ley de la muerte. La ley de la resurrección es la ley de Dios que da vida eterna. Por medio de esta autoridad de Dios, recibiremos vida eterna en Cristo.

Amado Dios todopoderoso, permite que cada cristiano sepa que en su alma se ha implanahora está escondida para nuestros ojos, permite que la simiente crezca hasta que pueda tado la simiente de la resurrección. Aunque llevar fruto abundante en el día de tu Segunda Venida. En el nombre de Cristo nuestro Salvador. Amén.

Resurrección y esperanza

El hombre es una criatura de esperanza. Si no tuviera esperanzas para el mañana, sin duda perecería.

Después que proclamó: "Arrepentíos que el reino de los cielos se ha acercado", Jesús perdonó pecadores, sanó enfermos, expulsó malos espíritus, resucitó muertos y dio esperanzas a la gente.

Muchas personas que se han arrastrado en la desesperanza fueron a Jesucristo. El carisma de Cristo, que predicó el misterio del reino de Dios con poder sobrenatural, conmocionó a todo Israel.

Los discípulos de Cristo estaban henchidos de orgullo por su elección y se sentían muy esperanzados con tener un lugar junto a Jesucristo en el reino de Dios. Creían que Israel pronto se liberaría de Roma y, como lo profetizaba la Biblia, esperaban que el reino del Mesías se estableciera sobre la tierra. Con esa piedad seguían diligentes a Jesús.

Después de seguirle con dedicación durante tres años, Jesús les informó acerca de su muerte venidera. Los discípulos se sintieron abrumados. Judas Iscariote estaba tan defraudado y enojado por esta aparente traición de Jesús a sus esperanzas que se sintió impulsado a vender a Jesús a los romanos.

Tal como lo anunció, Jesús murió en la cruz con los ladrones. Cuando los discípulos contemplaron a Jesús en la cruz, vieron trágicamente destrozados sus sueños y esperanzas. Encima de todo esto, los soldados romanos y los judíos trataban de capturar y matar a todos los discípulos de Cristo. Para los discípulos que perdieron su Salvador y que tenían que cuidar su vida, la desesperación era desdichadamente indescriptible.

Esperanza en medio de la desesperación

Los que vieron morir a Jesús, se tornaron en duelo. Pasó un día y luego el otro. Nada cambiaba. Los soldados romanos con sus armas seguían montando guardia junto al sepulcro de Jesús. Los discípulos pensaban: "Jesús se ha ido para siempre de este mundo."

Entonces vino el tercer día. Al despuntar el día, la madre de Jesús, con el corazón lleno de pesar, otra María junto con algunas dolidas mujeres, fueron al sepulcro para poner especias aromáticas al cadáver. A medida que se acercaban a la tumba, les preocupaba cómo se las arreglarían para mover la gran piedra que cubría la entrada del sepulcro.

Pero, asombrosamente, la piedra ya no estaba sobre la entrada. Cuando entraron en la tumba, no pudieron encontrar el cuerpo de Cristo. En cambio, el ángel les dijo: "¿Por qué buscáis entre los muertos al que vive? No está aquí, sino que ha resucitado. Acordaos de lo que os habló, cuando aún estaba en Galilea" (Lucas 24:5-6).

En su gozo y asombro, corrieron hasta la casa donde Pedro y Juan estaban y les dijeron lo que habían visto. Al enterarse de la noticia Pedro y Juan corrieron hasta el sepulcro. Al llegar, Pedro entró en la tumba y descubrió que el cuerpo de Jesucristo había desaparecido y nada había quedado sino el sudario.

Jesucristo, resucitado de la manera descrita, apareció a los dos discípulos que caminaban de regreso hacia su aldea natal, Emaús. Defraudados por completo, habían decidido regresar. Jesús les comenzó a explicar la Palabra escrita en la Biblia por los profetas y algunas cosas sobre su persona. De esta manera ayudó a que estos dos discípulos entendieran y se dieran cuenta que Él había resucitado.

Además, Jesús confirmó su resurrección apareciéndole a Tomás que había dicho que no creería en la resurrección de Cristo hasta que él mismo palpara las manos, con la marca de los clavos, y el costado de Jesús. Fue así que Jesús le apareció a muchos discípulos en los cuarenta días siguientes para permitirles que fuesen firmes testigos de su resurrección.

El significado de la resurrección en nuestro tiempo

En primer lugar, la resurrección de Cristo nos confirma claramente que hemos sido liberados para siempre de nuestros pecados.

Jesús llevó sobre sí todos nuestros pecados, no solo los pecados pasados, presentes y futuros, sino también el pecado original que heredamos de la matriz de nuestra madre. Con todos nuestros pecados, Jesús entró en la "prisión de la muerte". Jesús no entró en la prisión de la muerte para redimir sus propios pecados, sino para redimir los nuestros.

Si Jesús hubiera entrado en la prisión de la muerte pero no hubiera podido pagar nuestros pecados, no podría haber sido nuestro Salvador. Sin embargo, llevó el pecado de todos los hombres, entró en la prisión de la muerte, pagó todos nuestros pecados y salió de esa prisión al resucitar de entre los muertos.

Por consiguiente, cualquier hombre que se presente ante Jesucristo con todos sus pecados, por la gracia de Él, recibirá gratuitamente el perdón de todos sus pecados y será considerado justo.

En segundo lugar, la resurrección de Cristo prueba que nuestra vida no volverá a carecer de sentido.

En cuanto a los que vivimos en pecado como resultado de la caída de Adán, no sabíamos de dónde veníamos, por qué vivíamos, ni hacia dónde íbamos en la vida. Estábamos destinados a llevar vidas llenas de dudas que desaparecerían como el viento o la neblina.

Sin embargo, con la resurrección de Cristo de entre los muertos hemos llegado a aprender que Dios es un Dios vivo y que el propósito de nuestra vida es glorificarlo a Él.

En otras palabras, la resurrección de Cristo nos ha dado un propósito en la vida. La persona que carece de este conocimiento no tiene propósito en la vida, no importa cuán abundantes sean sus posesiones terrenales. ¿Qué provecho hay en poseer todas las cosas de este mundo si no se tiene vida?

Nuestra prioridad suprema en la vida debe ser creer en Jesucristo y glorificar a Dios. Si nuestro propósito en la vida se basa en los deseos de tener fama, riquezas y de alcanzar metas humanas, todo logro carecería de sentido después de la muerte. Solo la fe en la resurrección nos da un propósito eterno y da valor a la vida.

En tercer lugar, la resurrección de Cristo verifica la victoria eterna sobre la muerte.

¿Puede el hombre vivir después de la muerte física? Esta pregunta la ha hecho la humanidad desde el principio de los tiempos.

La respuesta la da solamente Jesucristo. Él nos ha mostrado, mediante su venida a este mundo como hombre, su muerte en la cruz para redimir los pecados del hombre y su resurrección de entre los muertos, que hay vida eterna para el hombre.

Jesús dice: "Yo soy la resurrección y la vida. El que cree en mí, aunque esté muerto vivirá. Y todo aquel que vive y cree en mí, no morirá eternamente. ¿Crees esto?" (Juan 11:25-26).

Por cuanto Jesucristo venció la muerte para toda la eternidad, podemos tener la seguridad en nuestro corazón de nuestra vida eterna en Él.

Debido a su muerte de cruz y su resurrección, Jesucristo nos ha limpiado de todos nuestros pecados. También nos ha dado un propósito en la vida y esperanzas de vida eterna.

> *Amado Dios de gracia, te damos gracias por darnos un propósito positivo en la vida además de una esperanza de vida eterna por la resurrección de Jesucristo. Ayúdanos a no aceptar la resurrección de Jesucristo puramente como un acontecimiento histórico, sino ayúdanos a comprender su significado todavía vivo y eficaz en la actualidad. En el nombre de Jesucristo. Amén.*

El gran nombre de Jesucristo

A través de la Biblia podemos ver que cada vez que Dios cambiaba el destino de una persona, también le ponía un nuevo nombre que correspondiera con el nuevo destino de su vida.

Esto se debía a que el nombre no solo representaba la personalidad y el carácter de la persona, sino también la autoridad y el poder de ella. Con tanto énfasis en esto, solo podemos decir que el nombre de una persona tenía mucha importancia.

Cuando terminó su ministerio y se fue de este mundo, Jesús dejó su nombre como un legado a sus discípulos que quedaron en la tierra. Este legado también está a la disposición de todos los cristianos que creen en Jesucristo hoy.

El nombre de Jesucristo tiene un poder y una autoridad tan grande que no nos atrevemos a imaginar. El nombre contiene el poder y la autoridad de Jesucristo que creó el universo y todas las cosas que en él hay, y su poder y autoridad reina sobre todo lo que hay en el universo.

Recibir el nombre de Jesucristo como legado significa que hemos recibido el derecho al poder y la autoridad de Jesucristo como herederos legítimos, así como la bendición celestial de la divinidad y la bendición terrenal de ser fructíferos.

Derechos como herederos (primera parte)

En la Biblia está escrito: "En ningún otro hay salvación; porque no hay otro nombre bajo el cielo, dado a los hombres, en que podamos ser salvos" (Hechos 4:12).

Esto significa que el derecho de ser perdonados y recibir la salvación está a disposición solo de quienes creen y confían en Jesucristo. También significa que a los creyentes se les ha dado una autoridad especial para salvar, por la predicación del nombre de Jesucristo, a muchas almas moribundas.

A Jesús lo clavaron en la cruz y resucitó al tercer día, después de sufrir mucho dolor e insultos, para darnos la autoridad y el poder de su nombre. Debido a esto, todo aquel que invoca el nombre de Jesucristo recibirá la salvación por la gracia de la redención.

Con respecto a los que hemos recibido el legado de su nombre y hemos llegado a ser herederos legítimos del nombre y la autoridad de Cristo, tenemos que emprender la tarea de predicar el evangelio a los miembros de la familia, a los familiares y a los vecinos que aún no han creído.

La gran tarea de predicar el evangelio se nos ha encomendado a todos. En cuanto a los que hemos recibido el legado, tenemos que obedecer las palabras de Jesucristo: "Id por todo el mundo y predicad el evangelio a toda criatura. El que creyere y fuere bautizado, será salvo; mas el que no creyere, será condenado" (Marcos 16:15-16), y debemos concentrar todos nuestros esfuerzos en el propósito de predicar el evangelio.

Derechos como herederos (segunda parte)

En vez de basar nuestra vida de fe en algunos conceptos religiosos formales, tenemos que controlar la vida y la fe con el poder que se nos ha dado por el Espíritu Santo. El Espíritu Santo viene a nuestro corazón y destruye nuestros malos deseos, nos ayuda a orar en todo tiempo, a entender la Biblia y a cumplir nuestros deberes como miembros de la iglesia, sin importar qué puesto tengamos. La ayuda del Espíritu Santo para el creyente es indispensable.

Jesús dice: "Pero si vosotros, siendo malos, sabéis dar buenas dádivas a vuestros hijos, ¿cuánto más vuestro Padre celestial dará el Espíritu Santo a los que se lo pidan?" (Lucas 11:13). Según su promesa, dada antes de su ascensión al cielo, Dios nos envió el Espíritu Santo, el Consolador.

Con la fe en el nombre de Jesucristo, como cristianos, tenemos que orar para ser llenos del Espíritu Santo, darle gustosos la bienvenida y aceptarlo en nuestros corazones. Cuando lo hacemos, el Espíritu entra a nuestro corazón para fortalecernos en nuestra debilidad y dirigir hacia la victoria nuestra vida de fe.

Derechos como herederos (tercera parte)

Otra razón por la que Jesús nos dio el derecho de usar su nombre es que de esa manera podemos continuar su obra. Los que creen en Jesucristo y han recibido su nombre como legado, son sus representantes legítimos que han recibido el poder de expulsar malos espíritus y de sanar enfermos como Cristo lo hizo durante su ministerio.

En relación con esto mismo, Jesús dice: "Y estas señales seguirán a los que creen: En mi nombre echarán fuera demonios; hablarán nuevas lenguas; tomarán en las manos serpientes, y si bebieren cosa mortífera, no les hará daño; sobre los enfermos pondrán sus manos, y sanarán" (Marcos 16:17-18).

Según lo testifica este versículo, como cristianos hemos recibimos la autoridad de expulsar malos espíritus en el nombre de Cristo y de orar por los que padecen enfermedades de manera que sean bendecidos con la sanidad en el nombre de Cristo.

En la actualidad, cuando el mundo está lleno con las actividades de los malos espíritus invisibles, muchos hombres están desmoralizados y muertos en su espíritu y cuerpo. Por lo general, a muchos se les está destruyendo física y espiritualmente.

En tiempos como estos, la autoridad de expulsar espíritus malignos y de sanar en el nombre de Jesucristo puede glorificar en gran manera al Señor, y actúa como prueba de la existencia del poder de Dios para guiar a muchas personas a Cristo Jesús. Tenemos que activar esta gran autoridad para mostrar el gran poder del evangelio de Jesucristo.

Derechos como herederos (cuarta parte)

Cuando miramos a nuestro alrededor, vemos hoy a muchos cristianos que no confían en el nombre de Jesucristo. Son incapaces de presentarse confiadamente ante el Señor.

Jesús dice con firmeza: "Si algo pidiereis en mi nombre, yo lo haré" (Juan 14:14).

Tenemos en nosotros la gran bendición, en el nombre de Jesucristo, de orar a Dios con confianza y tener la respuesta a nuestras oraciones. El nombre de Jesucristo tiene la autoridad de crear y preservar el universo y todas las cosas que contiene. Todo poder y autoridad en la tierra y en los cielos están en nombre de Jesús.

Esto no significa que podemos utilizar el poder de su nombre en cualquier forma que se nos antoje. Podemos usar el nombre de Jesucristo solo cuando llevamos una vida de obediencia.

El nombre de Cristo tiene gran poder, autoridad y fuerza. Dios nos ha dado este gran nombre a los creyentes.

Amado Dios todopoderoso, te damos gracias
porque nos diste el nombre de Cristo que
tiene poder y autoridad. Ayúdanos a
glorificar tu nombre apoyándonos en el
nombre de Jesucristo.
En el nombre de Cristo. Amén.

8

Cristo en nosotros

Hace dos mil años los contemporáneos de Jesucristo pudieron verlo en persona, oyeron su voz y vieron sus obras maravillosas. Después, Jesús llevó los pecados del mundo, murió en la cruz, resucitó al tercer día y ascendió a los cielos. Actualmente Jesús está sentado a la diestra de Dios.

Vivir la vida de Jesucristo

En cuanto a los que vivimos dos mil años después, ¿cómo podemos encontrar a Jesús y vivir su vida?

Sed llenos del Espíritu Santo

Después de Pentecostés y lleno del Espíritu Santo, Pedro dijo a la multitud: "A este Jesús resucitó Dios, de lo cual todos nosotros somos testigos" (Hechos 2:32).

Tal como Pedro lo dice, después de su ascensión Jesús envió al Espíritu Santo. Hasta el día de hoy, Jesús vive y obra entre nosotros por medio de su Espíritu Santo.

Respecto al Espíritu Santo, Jesús dice: "Mas os he dicho estas cosas, para que cuando llegue la hora, os acordéis de que ya os lo había dicho" (Juan 16:4). El Espíritu Santo nos enseña y guía con la

palabra de Jesucristo para gloria del Señor. De ahí que donde reside el Espíritu Santo, Jesucristo ocupa el mismo lugar.

Por lo tanto, reconocer, recibir y aceptar al Espíritu Santo y llenarnos de Él, es lo mismo que estar lleno de Jesucristo.

Después de la ascensión de Jesús, ciento veinte discípulos y seguidores se reunieron en el aposento alto de la casa de Marcos y
oraron con fervor y unánimes. Mientras oraban, vino del cielo un
gran sonido como viento recio que soplaba, y se posaron sobre
cada hombre lenguas repartidas como de fuego. Entonces, cada
hombre fue lleno del Espíritu Santo. Esto motivó que cada uno de
ellos hablase en lenguas de diversas regiones.

Los seguidores que recibieron la plenitud del Espíritu Santo de
esta forma, también se llenaron de confianza y comenzaron a testificar del evangelio como soldados. A dondequiera que iban, hacían los milagros de Dios; los cojos se ponían en pie y comenzaban
a caminar, los muertos volvían a vivir, las personas que poseían espíritus malignos se liberaban. Como resultado, la historia del Nuevo Testamento que comenzó en Jerusalén fue testigo de la cristia-
nización del gran Imperio Romano en menos de trescientos años.

Cuando estamos llenos del Espíritu Santo de esta forma, sentimos a Jesucristo en nuestro corazón y estamos llenos de la vida de
Jesús. El Señor no es una regla ética ni una filosofía. Como Hijo del
Dios vivo, Jesucristo nos salvó del pecado, de la enfermedad y de
la condenación para darnos libertad y vida. Esta obra de Jesucristo
todavía se hace en nosotros.

Llenos de la Biblia

Si desechamos y pasamos por alto la Palabra de Dios, no podemos descubrir a Jesucristo. Esto se debe a que Jesucristo es la Palabra. Juan 1:1 dice: "En el principio era el Verbo, el Verbo era con
Dios y el Verbo era Dios."

Puesto que Dios hace su obra mediante la Palabra, no importa
con cuán diligencia usted asista a la iglesia a adorar, si desecha la
Palabra, no puede tener la experiencia de la obra de Jesucristo. Por
eso, no deberíamos vagar de un lado para otro a fin de encontrar a

Cristo, sino que tenemos que recibir la plenitud del Espíritu Santo. Cuando estamos llenos del Espíritu Santo, tenemos la seguridad de que Jesucristo vive en nuestro corazón.

A medida que entendemos mejor la Biblia, logramos un mayor entendimiento de Jesucristo y su ministerio, y esto nos lleva a una fe más sólida. Llevar una vida de fe sin la Palabra es como emprender un largo viaje sin un mapa. Para dejar de vagar y de desesperarnos, y para llevar una vida de justicia, tenemos que vivir con las palabras de Dios que son como un mapa para nuestra vida.

Llenos de fe

Aunque una persona esté muy llena del Espíritu Santo y posea mucha capacidad, si no cree en la Biblia, la capacidad personal no podrá lograr nada y se convertirá en un desperdicio.

"Para que os dé, conforme a las riquezas de su gloria, el ser fortalecidos con poder en el hombre interior por su Espíritu; para que habite Cristo por la fe en vuestros corazones, a fin de que arraigados y cimentados en amor, seáis plenamente capaces" (Efesios 3:16-17).

Fe es, aunque nada se vea, oiga o palpe, creer que el Dios vivo otorga el gran don de la vida a los que le buscan. Esta fe solo puede concederla el Dios vivo mismo.

Para recibir esta fe de Dios, también se requiere una decisión consciente de nuestra parte. Nuestra decisión es el punto de partida de nuestra fe, y Dios nos otorga una mayor fe a partir de dicho punto.

Algunas personas dicen que creerán en Dios después que hayan dominado la Biblia, que hayan alcanzado ciertos logros y se hayan cumplido sus deseos. Esta es una fe falsa. La fe se nos otorga cuando decidimos creer en Jesucristo a pesar de nuestra ignorancia, nuestra falta de sentir la plenitud del Espíritu y a nuestros deseos no concedidos.

Por lo tanto, primero tenemos que decidir creer en Dios. Cuando mostramos tal deseo, Dios nos lleva poco a poco, paso a paso, hacia la verdad. A medida que entendamos más la Biblia, vamos a sentir la plenitud del Espíritu Santo y nuestros deseos comenzarán a convertirse en realidad.

Cuando llevamos una vida de fe, podemos vivir la vida de Jesucristo.

Podemos experimentar la vida del Cristo vivo siendo llenos del Espíritu, de la Palabra y de la fe.

Oh Dios, Señor de todas las cosas, ayúdanos
a vivir la vida de Jesucristo en nuestro diario
andar, y llénanos del Espíritu Santo con tu
Palabra y con fe. En el nombre de Jesucristo.
Amén.

Pastos verdes al pie de la cruz

Mucha gente en nuestro mundo, incapaz de hallar verdadero refugio y paz, carga con vidas deprimentes y desoladas. Aunque buscan refugio para sus almas y cuerpos, esto es algo que está fuera de su alcance.

Solo Jesucristo que murió en la cruz por la humanidad puede conducirnos a los pastos verdes, a un verdadero refugio y a un lugar de reposo para nuestra alma y cuerpo.

Jesús dice: "Yo soy el buen pastor; el buen pastor su vida da por las ovejas" (Juan 10:11).

Jesucristo, el buen pastor, se hace presente entre nosotros como el Espíritu Santo y nos conduce hacia su cruz. Es al pie de la cruz donde hallamos un verdadero lugar de reposo, en los prados de Jesús.

Entonces, ¿cuáles son las bendiciones que podemos alcanzar al pie de la cruz de Cristo?

Perdón

Muchos no pueden lograr la paz del corazón porque no pueden liberarse de la culpa que sienten por haber pecado. Para liberarnos de la culpa tenemos que llegar ante la cruz y arrepentirnos sinceramente de todos nuestros pecados. El verdadero arrepentimiento no consiste en la simple comprensión de que hemos pecado; el verdadero arrepentimiento es aquel que deja de cometer los mismos pecados.

Cuando nos arrepentimos de nuestros pecados al pie de la cruz, recibimos el perdón de pecados y podemos tener verdadera paz. Jesús no solo cancela las deudas de los pecados pasados y presentes, también ha cancelado la deuda de los pecados futuros.

Reconciliación

Hay prados de reconciliación al pie de la cruz. Durante muchas generaciones la humanidad ha sido enemiga del Señor. Desde la desobediencia del primer hombre, Adán y Eva, y su salida forzada del huerto de Edén, la relación entre Dios y el hombre ha estado bloqueada por la muralla del pecado y el hombre ha vivido temeroso del inminente juicio de Dios.

Sin embargo, Jesucristo vino a este mundo y destruyó el muro del pecado al recibir la condena de la cruz en nuestro lugar. Como resultado, todos los hombres que van ante la cruz reciben la bendición de vivir en armonía y en comunión con Dios.

"Y todo esto proviene de Dios, quien nos reconcilió consigo mismo por Cristo, y nos dio el ministerio de la reconciliación; que Dios estaba en Cristo reconciliando consigo al mundo, no tomándoles en cuenta a los hombres sus pecados, y nos encargó a nosotros el ministerio de la reconciliación" (2 Corintios 5:18-19).

Además, quienes llegan al pie de la cruz recibirán la bendición de vivir en armonía con su prójimo.

Pablo dice, también: "Que los tengáis en mucha estima y amor por causa de su obra. Tened paz entre vosotros" (1 Tesalonicenses 5:13). Vivir en armonía con el prójimo es la voluntad de Dios.

Puesto que el hombre no puede vivir como un ermitaño, es muy importante vivir en paz y armonía con el prójimo.

En primer lugar, por medio de Jesucristo debemos hallar paz con Dios y extender la paz y armonía a nuestro prójimo. La persona que tiene paz con Dios tendrá paz con su prójimo a dondequiera que vaya. Dentro de esta paz y armonía puede hallar la felicidad.

Sanidad

En nuestro mundo toda institución de la sociedad está enferma.

¿Por qué ha pasado esto? Por la sencilla razón de que el hombre actual tiene una enfermedad. La vida espiritual y diaria, así como el corazón y el cuerpo de cada hombre tienen una enfermedad que penetra en la vida familiar, en la sociedad, en el país y en el mundo.

Entonces, ¿por qué sufre esta enfermedad? La explicación es que el hombre se ha distanciado de Dios y no sabe de dónde vino, por qué vive ni hacia dónde se dirige. La angustia de esta ignorancia hace que viva lleno de ansiedad. Esta ansiedad tiene como resultado negación, incertidumbre y violencia, lo que hace que nuestra familia, sociedad y nación estén enfermas.

Por lo tanto, tenemos que llegar al pie de la cruz de Jesucristo y recibir la sanidad de alma, vida y corazón. Las familias que están al borde de la separación debido a rencillas y problemas deben acudir al pie de la cruz de Jesucristo para recibir la sanidad. El único camino para que este país y su pueblo sean sanos de su enfermedad, es el que lleva a la cruz de Jesucristo.

Libertad de la condenación

La cruz es el origen de toda bendición. Dios no quiere ver que un creyente en Cristo esté atado por la condenación y tiemble de hambre y frío.

"Pedid y se os dará, buscad y hallaréis, llamad y se os abrirá" (Mateo 7:7).

No debemos dejarnos atar por la pobreza o la condenación;

más bien debemos buscar positivamente y llamar a la puerta de Dios para que recibamos la bendición inherente en la cruz. Más aun, tenemos que llevar vidas tales que ayudemos a salvar a nuestro prójimo que tiembla de hambre y frío.

Esperanza celestial

El hombre es como un peregrino. No existe quien viva en este mundo para siempre. Todos tenemos que abandonar nuestro hogar físico temporal.

Cuando dejemos la habitación corporal, los que han recibido a Cristo tendrán vida eterna, los demás recibirán el castigo eterno.

En la Biblia está escrito: "Porque la palabra de la cruz es locura para los que se pierden; pero a los que se salvan, esto es, a nosotros, es poder de Dios" (1 Corintios 1:18).

En cuanto a los que desean tener vida eterna, deben acudir a Cristo y llegar al pie de la cruz. Los que están bajo la cruz resucitarán en gloria el día de la Segunda Venida del Señor, recibirán la vida eterna y morarán para siempre con Dios.

Al pie de la cruz de Cristo hay verdadero perdón y reconciliación, sanidad y bendición, y la esperanza del paraíso. Jesucristo, el buen Pastor no ha llevado hasta la cruz para que recibamos bendición.

Oh Dios de esperanza, te damos gracias por
llevarnos a las verdes praderas de paz y
reposo. Ayúdanos a vivir dentro de tu gracia
y bendición al pie de la cruz hasta el día que
entremos en el cielo. En el nombre de Jesús.
Amén.

Cristo en nosotros

Después que Adán y Eva cometieron el pecado de desobediencia y los expulsaron del huerto de Edén, el hombre perdió (desechó) la comunicación y la comunión con Dios. En este estado de separación de Dios, nuestra alma murió y nuestro destino fue que el cuerpo físico volviera al polvo. No solo eso, teníamos que vivir en una senda de espinas siempre acosados por el lazo de Satanás.

Sin embargo, Dios tuvo compasión del hombre y planeó un camino expiatorio para que el hombre pudiera ser salvo. Para cumplir este plan, Jesús vino al mundo.

Jesucristo, el Hijo unigénito de Dios, dejó la gloria de su morada en el reino de Dios, y vino a este mundo en un débil cuerpo humano para salvar a la humanidad. Y durante su ministerio, realizó muchos milagros mientras predicaba el evangelio.

Más tarde el Señor soportó grandes sufrimientos y se convirtió en el Cordero propiciatorio cuando murió en la cruz. Después de su muerte, destruyó el origen del poder de Satanás y el de la muerte, resucitando de entre los muertos. Por último, ascendió a los cielos y dijo: "Enseñándoles que guarden todas las cosas que os he mandado; y he aquí yo estoy con vosotros todos los días, hasta el fin del mundo. Amén" (Mateo 28:20).

Los que vivimos después de la ascensión de Cristo, ¿cómo podemos encontrarnos con Él y verlo cara a cara?

Los cristianos que creen en Jesucristo no necesitan vagar en busca de ídolos ni dioses como los incrédulos. Esto se debe a que Jesucristo ya está en nuestros corazones. No se encuentra en algún lugar remoto ni distante. Está en cada uno de nosotros y vive con nosotros.

Cristo en mí

La Biblia nos habla de dónde está Cristo de esta manera:

"¿O ignoráis que vuestro cuerpo es templo del Espíritu Santo el cual está en vosotros el cual tenéis de Dios, y que no sois vuestros?" (1 Corintios 6:19).

"A quienes Dios quiso dar a conocer las riquezas de la gloria de este misterio entre los gentiles; que es Cristo en vosotros, la esperanza de gloria" (Colosenses 1:27).

De manera que Jesucristo mora en la forma del Espíritu Santo en quienes creen en Cristo y le siguen. Además, está presente donde se reúnen dos o tres en su nombre.

Aunque somos inmundos y horribles, y merecemos que nos echen a la muerte, si nos arrodillamos a los pies de Cristo, nos arrepentimos y lo aceptamos, recibiremos la gran bendición de convertir nuestro inmundo cuerpo en templo de Cristo. Esta bendición no tiene en cuenta diferencias en cuanto a posesiones ni posiciones mundanas, ni en cuanto a género. Todo aquel que invoca el nombre de Jesucristo será salvo y Cristo hará su morada en el corazón de tal persona.

La Biblia dice que este es un secreto que ha estado oculto desde los siglos y edades (Colosenses 1:26). Desde el principio de la humanidad, muchos han tratado de conocer este secreto, pero nadie ha podido entenderlo a plenitud. Sin embargo, después de Cristo, la puerta que conduce a este secreto está abierta para toda persona que lo recibe como Salvador. El secreto es que nuestro cuerpo llega a ser templo del Dios vivo (2 Corintios 6:16).

El hecho más grande de la fe cristiana actual es que Jesucristo, en quien creemos, mora en nuestros corazones. ¡Qué gran bendición y gracia es esta! En gratitud, debemos mantener la fidelidad a Él en nuestros corazones. Mediante la oración y el estudio continuo de la Biblia, llenaremos nuestros corazones con la bendición divina.

El Cristo que obra con nosotros

En la Biblia encontramos lo siguiente: "De cierto, de cierto os digo: El que en mí cree, las obras que yo hago, él las hará también; y aun mayores las hará, porque yo voy al Padre" (Juan 14:12).

Hebreos 13:8 afirma: "Jesucristo es el mismo ayer, y hoy, y por los siglos." Esto nos enseña que aun después de la ascensión de Cristo a los cielos, Él obra con nosotros y por medio nuestro en la forma de su Espíritu Santo.

Entonces, ¿qué obras haremos?

Jesús ordena: "¿Id por todo el mundo y predicad el evangelio a toda criatura" (Marcos 16:15). También Pablo nos exhorta: "Que prediques la palabra; que instes a tiempo y fuera de tiempo; redarguye, reprende, exhorta con toda paciencia y doctrina" (2 Timoteo 4:2). Por consiguiente, no debemos dejarnos agobiar ni confundir por el tiempo, el lugar ni las personas, antes bien tenemos que ser diligentes en nuestra tarea de predicar el precioso evangelio a toda persona.

Cuando entramos fielmente en acción en el ministerio de evangelización que el Señor nos ha encomendado a los que seguimos en el mundo, Jesucristo no solo obra con nosotros, sino también hace posible que hagamos obras mayores. Una vez comprendida esta verdad, debemos salir confiadamente a predicar el evangelio.

Jesucristo obra por medio del Espíritu Santo

La Biblia dice: "Y yo rogaré al Padre, y os dará otro Consolador, para que esté con vosotros para siempre" (Juan 14:16). El Señor que vino al mundo e hizo muchas obras hace dos mil años en Israel, también está obrando entre nosotros hoy por medio de su Espíritu Santo.

En primer lugar, el Espíritu Santo nos ayuda y guía para ser misioneros eficientes del evangelio de Cristo.

Jesús dice: "Recibiréis poder, cuando haya venido sobre vosotros el Espíritu Santo, y me seréis testigos en Jerusalén, y en toda Judea, en Samaria, y hasta lo último de la tierra" (Hechos 1:8). Los discípulos de Cristo fueron capaces de cumplir sus deberes de evangelización porque recibieron la plenitud del Espíritu Santo desde Pentecostés. En el día de hoy, nosotros debemos llenarnos del Espíritu Santo para cumplir nuestros deberes como testigos de Jesucristo.

En segundo lugar, el Espíritu Santo hace posible que tengamos una vida de fe.

Efesios 3:16 dice: "Para que os dé, conforme a las riquezas de su gloria, el ser fortalecidos con poder en el hombre interior por su

Espíritu." Cuando recibimos la plenitud del Espíritu Santo, nuestra fe se vuelve apasionada y osada de modo que podemos tener una vida de éxito en la fe.

Cuando en la vida reconocemos, aceptamos y confiamos en el Espíritu Santo, este obra milagros en nuestro corazón. A medida que le hace bien al alma, nuestra vida mejora y rebosará la bendición de una vida feliz.

Cristo vino al mundo hace dos mil años para darnos el milagro de la salvación, pero su ministerio no termina con su ascensión a los cielos. Aún hoy día Cristo obra por medio de los creyentes las mismas obras que hizo cuando vino al mundo.

Oh Dios, fuente de toda bendición, danos
vida de victoria en armonía con Jesucristo
que mora en nuestro corazón. Y a medida
que nuestro espíritu se sana, permite que
nuestra vida esté bien en todas las cosas y
guíanos por el camino que lleva hacia la
bendición. En el nombre de Cristo. Amén.

Bendiciones para los que están en Cristo

Creer en Jesucristo no depende de la voluntad de la persona. Podemos creer en Jesucristo solo cuando Dios mueve nuestro corazón y lo abre por obra de su Espíritu Santo. Los que hemos creído en Jesucristo, hemos recibido la bendición de Dios de estar en Jesucristo.

La Biblia dice: "Los cuales no son engendrados de sangre, ni de voluntad de carne, ni de voluntad de varón, sino de Dios" (Juan 1:13). Los que creen en Jesucristo como su Salvador han llegado a creer mediante la gracia de Dios.

Entonces, ¿qué bendiciones han recibido los cristianos que están en Cristo?

Sabiduría de gran valor

Los hijos de Dios que han aceptado a Jesucristo como Salvador tienen en sí una sabiduría de gran valor que otros en este mundo no tienen.

Esa sabiduría es conocer de dónde venimos, por qué vivimos y cuál es nuestro destino. Este entendimiento o sabiduría viene de Jesucristo que mora en nuestros corazones. La vida que anhela la concupiscencia de la carne y de los ojos, y el orgullo de las cosas de este mundo no tiene sentido y es vana. Llevar una vida que sigue a Jesús, que es la verdad, puede producir la sabiduría de comprender que esa vida es la única que es verdadera.

Cuando tenemos esa vida, nuestros ojos espirituales se abren y podemos entender la Biblia, que es sabiduría, conocimiento y poder de Dios. Con tal certeza, podemos vivir siguiendo a Jesucristo.

Aunque a los ojos del mundo pueda parecer una vida tonta, este es el verdadero camino de la vida. Quizás piensen que es un camino de condenación, de perder la vida y de muerte, pero están equivocados. Es el camino de la victoria, de ganarlo todo, y el camino hacia la verdadera vida.

En este camino la persona que acepta a Cristo como Salvador no será condenada con el mundo; en cambio, recibirá sabiduría para disfrutar la vida eterna.

Jesucristo, quien da justicia

El estado de justicia es el de una persona que nunca ha pecado, que puede estar delante de Dios sin vergüenza y sin culpa. Un estado del ser que no está bajo la influencia de Satanás.

Romanos 3:23 dice: "Por cuanto todos pecaron y están destituidos de la gloria de Dios." El pecado ha marcado a toda la vida.

Los creyentes han sido justificados por la muerte de Jesucristo en la cruz en nuestro lugar para cancelar la deuda del pecado que tenía nuestra vida. Para nosotros Jesucristo es la fuente de la justicia.

Jesús ha convertido al hombre pecador, inmoral y vil, el hombre que merece la condenación, en una persona sin pecado delante de los ojos de Dios, que puede permanecer sin vergüenza ni culpa delante de Él, una persona que está fuera de la influencia de Satanás.

¡Qué gran bendición! Esta es la bendición que aguarda a cada persona que acepta a Jesucristo. Todo aquel que está en Cristo es bienaventurado y puede acercarse confiadamente a Dios y decirle "Padre".

Jesucristo, quien es Santo

El mundo en que vivimos está lleno de pecado. Este mundo de pecado no se puede vencer con determinación personal ni con voluntad. Esto se debe a que el hombre no tiene suficiente fuerza para vencer este mundo de pecado.

Entonces, ¿está el hombre destinado a perecer para siempre a causa del pecado?

La vía de escape del camino de condenación es creer primero en Jesucristo y luego vivir en Él. Cuando estamos en Cristo, el Espíritu Santo hace que broten en nuestro corazón ríos de agua viva que nos lavan continuamente de nuestro pecado para hacernos santos.

Aun después que recibimos a Cristo como nuestro Salvador, a veces sufrimos emocionalmente debido a algún pecado cometido del que no nos hemos arrepentido. En tales ocasiones, el Espíritu Santo nos estimula al arrepentimiento y a que pidamos perdón para limpiarnos una vez más. De esta manera Dios guía a los creyentes al arrepentimiento de sus pecados a fin de limpiarlos y ser santos. Los creyentes viven en la luz y frescura que vienen de Jesucristo.

Jesucristo, quien es Redentor

Jesucristo, el Hijo de Dios, es el Redentor. La redención se refiere a "comprar por precio la libertad de un esclavo."

Entonces, ¿de quién era esclava la humanidad? ¿De qué limitaciones nos liberaron?

Éramos esclavos de la condenación que introdujo el pecado. Desde la caída de los primeros padres de la humanidad, Adán y Eva, el mundo del hombre ha estado condenado y lleno de matorrales espinosos que lo atrapan, y el destino del hombre ha sido volver a ser un puñado de polvo después de la muerte.

Jesucristo vino y se convirtió en el fiador de nuestra emancipación del pecado. Al recibir la condenación destinada al hombre, nos liberó de la condenación. De modo que para los que están en Cristo ya no hay condenación. Asimismo, a medida que nuestra alma recibe sanidad y se restaura, la vida en este mundo también se restaura y sana, y recibiremos las bendiciones en nuestro futuro, sea mañana, el próximo mes, el año siguiente, un futuro siempre más brillante que el presente.

Además, Jesús se convirtió en el garante para sanar nuestros males. En 1 Pedro 2:24, dice: "Quien llevó Él mismo nuestros pecados en su cuerpo sobre el madero, para que nosotros, estando muertos a los pecados, vivamos a la justicia." En Mateo 8:17, afirma: "Él mismo tomó nuestras enfermedades y llevó nuestras dolencias." Para darnos sanidad, salud y fuerzas, Jesucristo padeció bajo el látigo.

En otras palabras, Jesucristo llegó a ser el garante de nuestra vida. Para el creyente que confía en Jesús, la muerte solo significa una fase que consiste en quitar la cubierta física del cuerpo. Cuando se nos haya quitado la cubierta corporal, viviremos eternamente con Jesús. El cristiano no le teme a la muerte.

Cuando aceptamos a Jesucristo, que es nuestra sabiduría, justicia, santidad y redención, podemos disfrutar una vida de verdadera felicidad y armonía.

Oh Dios vivo, te damos gracias por enviar tu
Santo Espíritu y hacernos creer en Cristo, y

*vida bienaventurada. Mientras vivamos en
este mundo, ayúdanos a disfrutar de todas
estas bendiciones que proceden de ser uno
con Jesucristo. En el nombre de Cristo. Amén.*

Jesucristo, quien permanece eternamente

Jesucristo, la segunda persona de la Trinidad, tomó parte en la creación del mundo. Hace dos mil años vino al mundo a salvar a la humanidad y murió en la cruz y resucitó para ello.

Después, cuando ascendió a los cielos, nos envió el Espíritu Santo que todavía obra entre nosotros.

Jesucristo y la iglesia primitiva

Aun después de su ascensión a los cielos, Jesucristo continuó su obra entre sus discípulos y seguidores que tenían una fe floreciente.

Después de la ascensión de Cristo, el Espíritu Santo llenó a los ciento veinte seguidores. El Espíritu Santo descendió sobre ellos desde el cielo, mientras estaban reunidos y oraban fervientemente durante el día de Pentecostés, en el aposento alto de Marcos. Aunque no podían verlo con sus propios ojos, Jesucristo estaba allí en la forma del Espíritu Santo.

Llenos del Espíritu Santo, los seguidores salieron a predicar las buenas nuevas. A dondequiera que iban, cuando proclamaban: "Sed salvos en el nombre de Jesucristo y arrepentíos", dos mil o cinco mil personas se arrepentían y se presentaban delante de Dios. Aunque Jesucristo no está con nosotros físicamente, viene a nosotros como el Espíritu Santo y por medio de Él nos cura y restaura.

Juan y Pedro, llenos del Espíritu Santo, hicieron muchas obras y muchos milagros. Un día vieron a un hombre sentado a la entrada el templo en Jerusalén. El hombre era cojo de nacimiento. Juan y

Pedro lo sanaron en el nombre de Jesucristo y el cojo comenzó a caminar. Pedro además hizo el milagro de resucitar a Dorcas.

Pablo también llevó una vida pública para Dios, como Jesús. Después que se encontró con Jesús en Damasco, comenzó a sanar enfermos con el poder de Dios e hizo que los cojos caminasen.

Jesús no solo obró por medio de sus discípulos, sino también a través de simples miembros de la iglesia. Mientras Jesucristo moraba en la forma del Espíritu Santo, Esteban, un diácono de la iglesia, hacía grandes obras que resplandecen hasta el día de hoy (Hechos 6:8). Cuando Felipe estaba predicando el evangelio en la ciudad de Samaria, expulsó a muchos malos espíritus que poseían los cuerpos de las personas, sanó a un cojo y un paralítico, quienes llenos de gozo, se pusieron de pie y caminaron por la ciudad (Hechos 8:5-8).

Este Jesucristo que actuó por medio de los discípulos durante el período de la iglesia primitiva, todavía trabaja con nosotros en la forma del Espíritu Santo y realiza grandes obras entre nosotros.

El Jesucristo de hoy

La verdad más grande del cristianismo es que el Jesús en quien creemos no vive en algún lugar distante ni remoto; Cristo está a nuestro lado y sigue obrando entre nosotros. Está presente por medio del Espíritu Santo y obra ahora en la misma forma que lo hacía en el pasado.

Es un gran error y malentendido pensar que, puesto que vino al mundo hace dos mil años, nos dio el milagro de la salvación para luego ascender a los cielos y que ya no le preocupa el mundo. Jesucristo prometió estar entre los creyentes del mundo por medio del Espíritu Santo después de su ascensión.

"De cierto, de cierto os digo: El que en mí cree, las obras que yo hago, él las hará también; y aun mayores las hará, porque yo voy al Padre" (Juan 14:12).

Jesús en forma bien específica no dice que estará y obrará entre los creyentes solo en el período de la iglesia primitiva. El Señor prometió: "El que en mí cree, las obras que yo hago, él las hará también."

Hace muchos años dirigí un culto de avivamiento en Chicago. Un sinnúmero de personas asistieron a este servicio. Entre los asistentes había una mujer que padecía de un tumor en el útero. Mientras ministraba, la mujer se me acercó y dijo: "Reverendo, no tengo hijos. En el útero me está creciendo un tumor. Los doctores me han informado que pueden quitarlo mediante una operación, pero entonces no podría tener hijos. No tengo alternativa: solo la de volverme a Dios para que haga un milagro. ¿Podría orar por mí?" Oré por ella en el nombre de Cristo.

Muchos años después recibí una carta de la misma mujer. Según la carta, después de nuestra oración, el tumor desapareció completamente y recibió la bendición de tener hijos sanos.

Todavía Jesucristo obra milagros por medio de los que creen en Él. Tenemos que comprender esta verdad, recibir al Espíritu Santo y reflejar este gran milagro en nuestra familia y en nuestra vida cotidiana, social y espiritual.

Para que se manifieste el poder de Dios

Para que se manifieste el poder de Dios en nuestra vida, lo más importante es que todos debemos tener fe.

Jesús dice: "Por vuestra poca fe; porque de cierto os digo, que si tuviereis fe como un grano de mostaza, diréis a este monte: Pásate de aquí allá, y se pasará; y nada os será imposible" (Mateo 17:20).

Tenemos que creer firmemente que los milagros y el poder de Dios se manifestarán en nuestra vida. Para tener esta calidad de fe, debemos escuchar las palabras de Dios y permanecer firmes en ellas.

Además, para poder utilizar el poder y los milagros de Dios, debemos reconocer al Espíritu Santo. Cuando recibimos, aceptamos y confiamos en Cristo, podemos orar fervientemente con la ayuda del Espíritu Santo.

El Cristo que del pasado al presente sigue inmutable, todavía obra sus grandes milagros entre nosotros hoy. Cuando vivimos en armonía con el Espíritu Santo, podemos realizar los milagros de Cristo aun en el día de hoy.

Oh Dios que obras entre nosotros en este tiempo, te damos gracias por darnos el Espíritu Santo para que creamos en Jesucristo que mora en nosotros. Cuando oramos estando firmes en la fe en tu Palabra, ayúdanos a poner por obra el poder de Jesús y sus milagros en nuestra vida cotidiana. En el nombre de Jesús. Amén.

El Espíritu
Santo

9

El Espíritu Santo, el Consolador

*H*ace unos dos mil años Jesucristo murió en la cruz para redimir a la humanidad. Luego resucitó de entre los muertos y ascendió a los cielos cuarenta días después de su muerte. Aunque físicamente ya no está en el mundo, Jesucristo prometió estar con nosotros siempre.

Cumplimiento de la promesa

"Y he aquí yo estoy con vosotros todos los días hasta el fin del mundo" (Mateo 28:20). Para dar cumplimiento a esta promesa, Jesucristo está entre nosotros hasta el día de hoy y para hacerlo emplea al Espíritu Santo.

Entonces, ¿qué clase de espíritu es el Espíritu Santo?

El Espíritu de Jesucristo

Debido a su conocimiento anticipado del futuro, Jesús pudo anunciar a sus discípulos los acontecimientos venideros (Mateo 16:21). "Desde entonces comenzó Jesús a declarar a sus discípulos que le era necesario ir a Jerusalén y padecer mucho de los ancianos, de los principales sacerdotes y de los escribas; y ser muerto, y resucitar al tercer día" para regresar al reino de su Padre.

Cuando los discípulos oyeron sus palabras, la tristeza y la desesperación los abrumaron y no sabían qué hacer. Habían dejado a padres, hermanos, familia y habían seguido a Cristo, en quien confiaban por completo. Con el anuncio de los sucesos venideros, los discípulos comenzaron a temer un oscuro futuro después de la partida de Cristo. Un futuro que no debía ser diferente al de los huérfanos perdidos en el mundo. Al ver sus rostros, Jesucristo comprendió sus temores y les dio palabras de consuelo.

"Y yo rogaré al Padre, y os dará otro Consolador, para que esté con vosotros para siempre: el Espíritu de verdad, al cual el mundo no puede recibir, porque no le ve, ni le conoce; pero vosotros le conocéis, porque mora con vosotros, y estará en vosotros. No os dejaré huérfanos; vendré a vosotros" (Juan 14:16-18).

Exactamente como Jesús prometió, el Espíritu Santo descendió sobre los discípulos cuando estaban reunidos para orar en el aposento alto de la casa de Marcos el día de Pentecostés. Aunque a primera vista parecían abandonados, debido a la presencia del Espíritu Santo en sus corazones su ser interior estaba lleno de la presencia de Dios. De modo que se convirtieron en poderosos testigos del evangelio y predicaron osadamente el evangelio a través del mundo conocido.

De esta manera el Espíritu Santo se manifiesta entre nosotros, consuela el temor de estar huérfanos, la desesperación de nuestro corazón y nos convierte en cristianos valientes.

El Espíritu, testigo del evangelio

Después que Adán y Eva desobedecieron a Dios, el alma del hombre quedó separada de Él y con el miserable destino de volver a la tierra como un simple puñado de polvo. Jesús vino al mundo para salvar a la humanidad del vil destino que merecía. Al llevar el pecado, la condenación, la injusticia y la muerte en su cuerpo en la cruz, Jesucristo derribó el muro de separación entre Dios y el hombre. Por este medio hemos recibido salvación, hemos recibido paz con Dios y la vida eterna. Puesto que recibimos la salvación y llegamos a ser hijos de Dios, tenemos una noticia grandiosa y feliz para este mundo lleno de mal. El Espíritu Santo, que vino después de la ascensión de Cristo, da testimonio de esta noticia grande y feliz de la salvación.

Jesucristo anunció esta obra en la que el Espíritu Santo tendría participación: "Cuando venga el Consolador, a quien yo enviaré del Padre, el Espíritu de verdad, el cual procede del Padre, Él dará testimonio acerca de mí" (Juan 15:26). Tal como Jesucristo lo anunciara, el Espíritu Santo cumple aún su papel como testigo del evangelio de Jesucristo.

Antes de recibir el Espíritu Santo, Pedro, discípulo tan cercano a Jesús, negó tres veces que lo conocía: la primera vez, ante una humilde mujer, una sierva. En realidad, tenía una fe en Jesucristo bastante débil. Sin embargo, después que recibió al Espíritu Santo el día de Pentecostés, pudo predicar con valentía el evangelio de salvación y llevó a unas tres mil personas a Cristo en un solo día.

El verdadero obstáculo y preocupación en la vida actual no es qué comer, qué beber ni qué vestir. Tampoco lo son la fama, la gloria y las tareas de este mundo. Cuando llegamos al fin de nuestra vida, todas estas cosas se derriten como estructuras de hielo. Sin embargo, la pregunta relacionada con nuestro espíritu es diferente. Si nuestro espíritu pertenece a Dios, recibimos la vida eterna. Si no, sufriremos para siempre en el infierno. Así que la pregunta más importante tiene relación con la salvación del alma: la nuestra y la de nuestros hermanos. Por consiguiente, tenemos que recibir al Espíritu Santo, el testigo del evangelio que Dios envió, y predicar el evangelio en todo lugar, cerca y lejos, para que la gente pueda recibir la salvación del alma.

El Espíritu de salud

Después que Adán y Eva abandonaron a Dios, el mundo y todas las naciones del mundo conocido se llenaron de pecado, odio, enfermedades y condenación. Además, el cuerpo y el corazón del hombre se enfermó de diversos males, lo que afectó a la familia y a la sociedad. Sin embargo, desde que el Espíritu Santo vino al mundo en Pentecostés, todo el que acepta a Cristo como Salvador, reconoce al Espíritu Santo y le permite entrar en su corazón, puede recibir la sanidad del alma por el Espíritu Santo.

En Hechos 3:1-10 se nos narra la sanidad de un cojo. Cuando Pedro y Juan se dirigían al templo para la oración, encontraron un hombre, cojo de nacimiento, que pedía limosna. Pedro y Juan, llenos del Espíritu Santo, dijeron al cojo: "Míranos." El cojo miró a Pedro y a Juan, pensando que estos hombres quizás le darían dinero. Sin embargo, Pedro dijo unas palabras que estaban lejos de lo que el cojo podía esperar: No tengo plata ni oro ... en el nombre de Jesucristo de Nazaret, levántate y anda." Mientras decía estas palabras, Pedro tomó al cojo de la mano derecha y lo levantó. Entonces los pies y los tobillos se le afirmaron y el milagro estuvo completo cuando el hombre caminó, saltó y alabó a Dios.

En el día de hoy, mucha gente está paralizada espiritual y físicamente. Son paralíticos en su vida diaria. El Espíritu Santo, quien vino como nuestro sanador, quiere darnos una nueva vida curando hoy los males del espíritu, del cuerpo y de la vida.

El Espíritu del evangelio

Antes de su ascensión al cielo, Cristo dio a sus discípulos el ministerio de la evangelización.

"Pero recibiréis poder, cuando haya venido sobre vosotros el Espíritu Santo, y me seréis testigos en Jerusalén, en toda Judea, en Samaria, y hasta lo último de la tierra" (Hechos 1:8).

Para cumplir esta misión, tenemos que estar llenos del Espíritu Santo y debemos usar el poder y la autoridad de Él. Mientras Jerusalén ardía con el fuego del Espíritu Santo, el evangelio cabalgaba sobre lenguas de fuego y se predicaba en Judea y Samaria. El evangelio se siguió predicando a pesar de que se enfrentaban graves persecuciones, y se cumplió una gran tarea al evangelizar el Imperio Romano hasta convertirlo en un imperio cristiano en menos de 300 años. Se pudo predicar el evangelio tan lejos y con tanta rapidez debido a que se contaba con la autoridad del Espíritu Santo respaldando el evangelio.

Además, el Espíritu Santo no solo da autoridad y poder a quienes son testigos del evangelio; el Espíritu Santo guía sus pasos y caminos. Cuando escudriñamos la Biblia, descubrimos la forma en que Dios preparó el camino para que todas las naciones del mundo conocido oyeran el evangelio. Para ello, permitió que el Espíritu Santo guiara los pasos de Pablo (Hechos 16:6-10). En su segundo viaje misionero, Pablo trató de seguir su propio criterio para testificar del evangelio en Asia. Sin embargo, el Espíritu del evangelio no se lo permitió. Pablo tuvo una visión en la noche. Vio a un varón macedonio que le pedía con ansiedad: "Pasa a Macedonia y ayúdanos." En obediencia a esta visión, Pablo cambió el curso de su viaje para ir a Macedonia.

Como resultado, el evangelio avanzó desde Palestina hacia Roma, de Roma a Alemania, de Alemania a Inglaterra y de Inglaterra a América. Ahora el evangelio ha llegado a Asia. Todavía el Espíritu Santo se mueve y hace una gran obra allí. En este momento el Espíritu está llamando a los que trabajarán en la gran siega final.

En la agricultura, los campesinos primero ponen el arroz en semilleros. Cuando el arroz brota, lo trasplantan a otro terreno. El papel del semillero o almáciga es muy importante en la agricultura. Entre todas las naciones de Asia, Corea (nuestro país) se ha convertido en el semillero del evangelio. De los tres mil millones de personas que viven en Asia, no hay pueblo ni nación donde la obra del Espíritu Santo sea mayor que en Corea. Podemos ver con facilidad la gran obra del Espíritu cuando contamos el número abrumador de iglesias y creyentes en Corea y los comparamos con los demás países.

Dios convirtió nuestro país en semillero del evangelio. Además, lo ha convertido en una gran nación cristiana. Por consiguiente, debemos comprender que se nos ha confiado la misión de ir a toda nación del mundo a sembrar la semilla del evangelio, así como fortalecernos con el Espíritu Santo para cumplir dicha misión.

El Espíritu Santo es el Espíritu de Jesucristo, el Espíritu del evangelio, el Espíritu de salud y el Espíritu de la evangelización. Debemos recibir al Espíritu Santo para que estos grandes aspectos del Espíritu Santo se hagan manifiestos.

Oh Dios vivo, reconocemos, recibimos, aceptamos y confiamos en el Espíritu Santo que hace una gran obra cuando mora en nosotros. Sánanos de los males del espíritu, cuerpo, corazón y de nuestra vida diaria para que se fortalezca nuestra fe y autoridad, y llevemos a cabo satisfactoriamente nuestra misión de evangelización de predicar el evangelio hasta lo último de la tierra. En el nombre de Jesucristo. Amén.

El Espíritu Santo, el Espíritu de Dios

A pesar de que vieron y se encontraron con Cristo resucitado, los discípulos no pudieron predicar el evangelio con valentía hasta que recibieron el Espíritu Santo. Llegaron al punto de vivir escondidos. Sin embargo, una vez recibido el Espíritu Santo en Pentecostés, corrieron hacia la calle y comenzaron a predicar el evangelio de Jesucristo y a hacer obras de gran poder. Como resultado, ocurrieron muchos milagros maravillosos. De manera que grandes cantidades de pecadores se arrepentían y se volvían a Dios. Asimismo, sanaban a muchos enfermos y echaban fuera espíritus inmundos, y esto era manifiesto a muchos.

Este tipo increíble de transformación solo es posible por la obra del Espíritu Santo. La ayuda del Espíritu Santo es una necesidad absoluta para una persona que desea poder mediante una vida fiel y para el crecimiento de la iglesia.

Entonces, ¿cómo el Espíritu Santo produce tales cambios y milagros?

Sabiduría e inteligencia del Espíritu Santo

Después de la muerte y el duelo de Jesucristo, el desengaño y la frustración vencieron a los discípulos. A pesar de que lo siguieron durante tres años y medio, y recibieron la instrucción como sus discípulos, se sumieron en la desesperación. Esto muestra que no entendían a plenitud el secreto y el significado de los sufrimientos de Cristo, su resurrección y su ascensión. No entendían que mediante la muerte de Cristo en la cruz es posible lavar los pecados de la humanidad y se consumó el gran plan de Dios para la salvación del hombre. Creían que Jesús era Mesías solo para los israelitas y que había venido para devolver la soberanía a Israel y librar a los israelitas del yugo romano.

Todavía mucha gente está sumida en pensamientos y creencias igualmente necias. Pisotean el significado de la redención en la cruz y, amarrados a las opiniones humanistas, creen que el evangelio del reino de Dios es una especie de ideología como la democracia y el comunismo. Su ceguera se debe a que no tienen la gracia de Dios, manifestada en la muerte de Jesucristo en la cruz, que les permita tener los ojos abiertos. Al contrario, siguen padeciendo bajo las cadenas del pecado, la enfermedad, la condenación y la muerte.

Entonces, ¿por qué no pueden comprender plenamente el significado de la cruz?

El sentido pleno de la cruz es un secreto escondido y sabiduría de Dios. Esto solo puede captarlo y entenderlo el hombre con la ayuda del Espíritu Santo que es el Espíritu de la sabiduría y la inteligencia de Dios.

Solo después que recibieron al Espíritu Santo el día de Pentecostés, los discípulos comprendieron que la muerte de Cristo era una redención que cancelaba todas las deudas del hombre con el pecado, la enfermedad, la condenación y la muerte. Una vez comprendido, los discípulos pudieron convertirse en valientes testigos.

Por lo tanto, tenemos que llevar una vida plena del Espíritu Santo para que nos llene de suficiente sabiduría e inteligencia que capte y comprenda la verdad acerca del reino de Dios.

El Espíritu de planes y talentos

El término "plan" lleva implícito la ayuda a una persona que enfrenta un problema. Le brinda una pauta de acción a fin de encontrar una solución al problema. Los discípulos de Jesús eran pescadores, o cobradores de impuestos, y en general carecían de educación e inteligencia. Sin embargo, después que recibieron al Espíritu Santo, se llenaron de planes y dones espirituales. Cuando Pedro y Juan, llenos del Espíritu Santo, se enfrentaron con valentía a los ancianos y las autoridades del pueblo para predicar el evangelio, mucha gente que les vio pensó que era un espectáculo extraño: "Entonces, viendo el denuedo de Pedro y Juan y sabiendo que eran hombres sin letras y del vulgo, se maravillaban; y les reconocían que habían estado con Jesús" (Hechos 4:13).

El Espíritu Santo es un Espíritu de planes y capacidades. Debido a esto, dondequiera que se testifique del evangelio y se manifieste el Espíritu Santo, este echa fuera la ignorancia y los mitos. En su lugar comienza a florecer la cultura y la civilización. Cuando analizamos las naciones donde la cultura ha florecido, podemos observar que gran parte del pueblo de cada uno de ellos ha aceptado el evangelio. Si el evangelio de Jesucristo no hubiera llegado a Europa y América, y no hubiera obra del Espíritu Santo en esos dos continentes, no existiría en la actualidad la cultura occidental como centro de atención.

Cuando este Espíritu de planes e ideas mora en nosotros, podemos hacer caso omiso a las trampas y artimañas del diablo, y vivir en victoria creciendo en la fe.

Espíritu de conocimiento y de temor de Jehová

Por medio del Espíritu Santo podemos tener conocimiento de Dios. El conocimiento que el Espíritu Santo nos da no es de tipo académico, sino más bien se revela a través de la Biblia Puesto que

Dios es espíritu, no podemos conocer en forma completa o exacta a Dios con nuestro cuerpo ni con nuestra mente. Si desecha esta incapacidad, y confiado en su propia racionalidad el hombre trata de aprender mediante una investigación académica, solo logrará dar las espaldas a Dios.

Si en verdad queremos saber de Dios, primero tenemos que arrepentirnos y con fe en Jesucristo, llenarnos del Espíritu Santo. El Espíritu Santo conoce todas las cosas, aun lo profundo del conocimiento de Dios. La única manera en que podemos entender bien a Dios es mediante la plenitud del Espíritu Santo (1 Corintios 2:10).

"Vosotros, ¿quién decís que soy yo? Respondiendo Simón Pedro, dijo: Tú eres el Cristo, el Hijo del Dios viviente" (Mateo 16:15-16). Pedro confiesa con palabras de gran fe porque por el Espíritu Santo, Dios hizo posible que entendiera los secretos y la sabiduría de Dios. Además, el Espíritu Santo pone temor y respeto en nuestro corazón para ofrecer un culto recto al Señor. El salmista dice: "Servid a Jehová con temor, y alegraos con temblor" (Salmo 2:11). Pablo dice: "Por tanto, amados míos, como siempre habéis obedecido, no como en mi presencia solamente, sino mucho más ahora en mi ausencia, ocupaos en vuestra salvación con temor y temblor" (Filipenses 2:12). Dios no es alguien que se pueda tomar a la ligera, sino que debe adorarse con temor y temblor. El Espíritu Santo hace posible que comprendamos esto de modo que podamos conocer y adorar a Dios con temor y temblor.

De esta manera el Espíritu Santo nos da el conocimiento de Dios para que le ofrezcamos un culto recto con temor y respeto. Siempre que leemos la Biblia, oramos o hacemos cualquier cosa, tenemos que confiar en que el Espíritu Santo nos dará el verdadero conocimiento y temor de Dios.

En la actualidad, el Espíritu Santo viene a nosotros para darnos sabiduría, inteligencia, astucia y poder para avergonzar a todos nuestros enemigos. Además, nos ayuda a conocer y a temer a Dios, y guía nuestra vida en la fe.

> *Oh Espíritu Santo, entendemos que solo*
> *cuando estamos llenos del Espíritu de*
> *sabiduría e inteligencia, de planes y poder, de*
> *conocimiento y reverencia, es que podemos*
> *conocerte como es debido y tener una vida*
> *victoriosa. Señor, llénanos del Espíritu Santo*
> *en este mismo momento y ayúdanos para que*
> *nuestra vida pueda glorificar tu nombre. En*
> *el nombre de Jesucristo. Amén.*

El Espíritu de carácter

El carácter de una persona es muy importante. La gente respeta y envidia a la persona que saben es de gran carácter y se regocijan al tenerlo como amiga.

Dios, a quien adoramos, tiene carácter. Sin embargo, dado que se habla del Espíritu Santo como "Espíritu semejante al fuego", "Espíritu como viento", "Espíritu como paloma", etc., mucha gente no logra comprender que se trata del Espíritu Santo vivo. En otras palabras, el Espíritu Santo tiene carácter. Debido a esto, no tenemos que pasar por alto ni contristar al Espíritu Santo.

El Espíritu tiene conocimiento

El Espíritu Santo tiene todo conocimiento. La Biblia afirma este hecho:

"Cosas que ojo no vio, ni oído oyó, ni han subido en corazón de hombre, son las que Dios ha preparado para los que le aman. Pero Dios nos las reveló a nosotros por el Espíritu" (1 Corintios 2:9-10).

Puesto que es uno con Jehová Dios, el Espíritu Santo tiene un conocimiento completo de la voluntad de Dios. Además, la Biblia dice: "Porque ¿quién de los hombres sabe las cosas del hombre, sino el espíritu del hombre que está en él? Así también nadie conoció las cosas de Dios, sino el Espíritu de Dios" (1 Corintios 2:11). El Espíritu Santo es un Espíritu de conocimiento que no solo percibe todas las cosas que Dios sabe, sino tiene además un conocimiento completo de la humanidad.

El Espíritu tiene emociones

El Espíritu Santo tiene emociones. Cuando obviamos la voluntad de Dios y lo desobedecemos, el Espíritu Santo se entristece y se preocupa por nosotros. La Biblia nos manda a que no contristemos al Espíritu Santo: "Y no contristéis al Espíritu Santo de Dios con el cual estáis sellados para el día de la redención" (Efesios 4:30).

También la Biblia nos advierte acerca de la ira del Espíritu Santo: "Si oyereis hoy su voz, no endurezcáis vuestros corazones, como en la provocación, en el desierto" (Hebreos 3:7-8).

El Espíritu Santo como persona tiene una amplia gama de emociones.

El Espíritu tiene voluntad

Además del conocimiento y las emociones, el Espíritu Santo tiene determinación, voluntad. "Pero todas estas cosas las hace uno y el mismo Espíritu, repartiendo a cada uno en particular como Él quiere" (1 Corintios 12:11). Nosotros oramos a Dios y le pedimos diversas bendiciones. Sin embargo, no podemos recibir las bendiciones según nuestros propios deseos, sino que el Espíritu Santo nos las concede según su propia voluntad.

Aparte de todo esto, el Espíritu Santo, con decisión inquebrantable, nos enseña, nos ayuda a recordar, nos cuida y nos guía. Además, el Espíritu Santo no solo nos santifica, sino también nos da poder y fe. De esta manera, el Espíritu Santo obra entre nosotros con decisión para ser nuestro ayudador, nuestro maestro y defensor, nuestro guía y consolador.

El Espíritu de comunión

Si se interrumpe la comunicación entre las personas, su relación se torna funesta. Para estrechar las relaciones y tener una vida significativa con nuestros familiares y vecinos, debe haber una continua comunión con ellos. Asimismo, para tener una relación personal con el Espíritu Santo tenemos que estar en comunión constante con Él.

En primer lugar, la palabra "comunión" (en la frase "comunión con el Espíritu Santo") en griego es *koinonía* y significa "compañerismo". Puesto que el Espíritu Santo es la personificación de Dios, si no nos comunicamos con Él ni continuamos en comunión con el Espíritu Santo, nuestra fe se marchitará gradualmente.

Solo cuando el Espíritu Santo derrama en nuestros corazones el amor de Dios y la gracia de Cristo, podemos contar con el amor y la gracia que nos permite disfrutar de una fe ardiente. Por esta razón tenemos que tener una comunión continua con el Espíritu Santo.

Entonces, ¿mediante qué método podemos comunicarnos con Dios y tener compañerismo con Él? La oración. Podemos comunicarnos continuamente y tener compañerismo con el Espíritu Santo a través de la oración. Cada vez que predico, oro: "Oh Espíritu Santo, sé conmigo porque no estoy apto." Especialmente cuando dirijo reuniones de avivamiento en el extranjero donde el idioma y la cultura son diferentes, dependo y confío con mayor fervor del Espíritu Santo. Siempre que lo hago, el Espíritu Santo me ayuda. Esto se debe a que mediante la oración hay comunión entre el Espíritu Santo y yo.

El Espíritu Santo nos ayuda a tener una vida de éxito, victoriosa en la fe, y nos conduce al reino de Dios. La medida del éxito que tenemos en nuestra vida de fe está en dependencia de cuánta comunión tengamos con el Espíritu Santo.

En segundo lugar, "comunión con Cristo" se refiere a una sociedad, trabajar en conjunto con el Espíritu Santo. El Espíritu Santo es nuestro socio en la vida y en nuestra obra para el reino de Dios. Siendo un socio, el Espíritu Santo quiere ser parte de cada aspecto de nuestra vida. Entonces, cuando nos entregamos al Espíritu Santo y oramos, Él nos dirige con sueños o visiones, o mediante el conocimiento y la sabiduría. El Espíritu Santo es el maestro de todos los segadores espirituales. Sin su dirección no podemos emplearnos en la obra de Dios por nuestra propia cuenta.

El Espíritu Santo impidió que el apóstol Pablo fuera a testificar a Asia cuando él se decidió a hacerlo y, cuando quiso ir a Bitinia, no logró llegar a su destino. Al dirigirse a Troas, arrepentido de haber seguido su voluntad, para esperar en el Espíritu Santo, este le mostró la visión de un varón macedonio que le pedía: "Pasa a Macedonia y ayúdanos."

Con prontitud, Pablo se fue a Macedonia dirigido por el Espíritu Santo y predicó el evangelio a los macedonios creando las bases para la evangelización de Europa.

El Espíritu Santo vino a trabajar entre nosotros porque desea ser nuestro socio. A veces, cuando trabajamos en sociedad con el Espíritu Santo, creemos que estamos perdiendo con la asociación. Sin embargo, cuando vemos los resultados, pronto comprendemos que hay una gran victoria para nosotros. Por consiguiente, debemos aceptarle como nuestro socio y cumplir los deberes que Jesucristo nos dio.

En tercer lugar, "comunión con el Espíritu Santo" quiere decir "unidad". El Espíritu Santo nos ata con los lazos de amor de Cristo para ser uno en Él. La calumnia y la división son los caminos de Satanás. Desintegrar, perjudicar, calumniar y atacar son las obras del diablo. La obra del Espíritu Santo lleva a las familias, los lugares de trabajo, las iglesias y aun a los departamentos de la iglesia, a ser uno en amor y armonía. Como está escrito: "Todos los santos os saludan" (2 Corintios 13:13).

> El Espíritu Santo que tiene inteligencia, emociones y justicia está con nosotros aun ahora y desea tener comunión con nosotros. A medida que vivamos con el Espíritu Santo, que es de gran carácter, nos llenaremos de sueños y esperanzas. El Espíritu Santo desea vernos vivir de esta manera.

> *Oh Dios todopoderoso, reconocemos,*
> *recibimos y aceptamos el Espíritu Santo y*
> *confiamos en aquel que tiene inteligencia,*
> *emociones y justicia. Ayúdanos a vivir en*
> *continua comunión con el Espíritu Santo*
> *para que nuestra vida sea victoriosa desde*
> *ahora y hasta el día que entremos en el cielo.*
> *En el nombre de Cristo. Amén.*

El Espíritu Santo, la Biblia y los milagros

Cuando leemos en Génesis acerca de la creación del universo, podemos ver que Dios creó la "existencia" de la "nada".

Antes que Dios hiciera la creación, había confusión y vacío. Una oscuridad absoluta llenaba aquel vacío. En función de las ideas y los pensamientos humanos, hubiera sido imposible poner orden en ese caos. La Biblia dice al respecto: "La tierra estaba desordenada y vacía, y las tinieblas estaban sobre la faz del abismo, y el Espíritu de Dios se movía sobre la faz de las aguas" (Génesis 1:2). A semejanza de la gallina que se echa sobre los huevos para darles calor, el Espíritu Santo estaba sobre esa caótica situación. Y mientras el Espíritu Santo se movía sobre el caos, la Palabra de Dios imperó en el caos. Esta combinación causó la "existencia" a partir de la "nada".

De aquí podemos ver claramente que el Espíritu Santo obra mediante la Palabra de Dios.

El Espíritu Santo y la Palabra

El Espíritu Santo y la Palabra de Dios fueron compañeros en la creación. La Biblia habla acerca de Jesucristo antes que este ofreciera un camino para que el hombre pudiera ser santo.

Así está escrito: "En el principio era el Verbo, el Verbo estaba con Dios y el Verbo era Dios" (Juan 1:1). "El Verbo fue hecho carne, y habitó entre nosotros" (Juan 1:14). El Verbo que vino a morar entre nosotros era Jesucristo.

A pesar de que era el Verbo, y por lo tanto Dios, Jesucristo no comenzó su ministerio de salvación antes de que Juan el Bautista lo bautizara en el río Jordán. Después de bautizado y de que el Espíritu Santo descendiera sobre su cabeza en forma de paloma, Jesucristo comenzó su ministerio como Salvador de la humanidad. Con el Espíritu Santo como compañero, Jesús expulsó malos espíritus, sanó a muchos enfermos, resucitó muertos e hizo muchos otros milagros.

Aun los discípulos de Cristo realizaron milagros similares a los de la creación cuando estaban llenos del Espíritu y de la Palabra. Puesto que siguieron a Jesús tres años y medio, estaban llenos de sus enseñanzas, de la Palabra. Sin embargo, solo fueron capaces de hacer grandes cosas después de recibir la plenitud del Espíritu Santo en Pentecostés. Cuando el Espíritu Santo descendió sobre ellos, los seguidores recibieron el poder y la autoridad de hacer grandes cosas.

Fue el Espíritu Santo el que hizo posible que Pedro saliera y tres mil personas se arrepintieran y se bautizaran gracias a su testimonio. Fue el Espíritu Santo el que después que descendió sobre Pedro y Juan, y obrando de acuerdo con la Palabra, hizo posible de manera milagrosa hicieran caminar al cojo con las palabras: "No tengo plata ni oro, pero lo que tengo te doy: En el nombre de Jesucristo de Nazaret, levántate y anda" (Hechos 3:6), cuando iban entrando al templo para orar.

De esta manera el Espíritu Santo hace milagros conforme a la Palabra y en forma no diferente el milagro de la creación.

El Espíritu Santo y nosotros

El Espíritu Santo trabaja sin cesar por nosotros. En el Antiguo Testamento, descendía solo sobre hombres de gran importancia tales como sumo sacerdotes, profetas y reyes, y hacía grandes milagros.

En la era del Nuevo Testamento, el Espíritu Santo obró con Jesucristo y, después de su ascensión, el Espíritu descendió sobre los ciento veinte seguidores en el aposento alto de la casa de Marcos. Hoy, el Espíritu Santo desciende sobre quienes se arrepienten de sus pecados y creen en Jesucristo, para que se manifieste un nuevo mundo con un nuevo orden, que es el reino de Dios.

Para experimentar las grandes obras del Espíritu Santo tenemos que aceptarlo y reverenciarlo como un ser personal. Si lo tenemos a menos, o negamos su existencia, el Espíritu Santo se contristará. De esta manera decaerá su obra y no se manifestarán los grandes milagros de Dios, semejantes al de la creación. Por lo tanto, en nuestra vida cotidiana tenemos que reconocer, recibir, aceptar y confiar en el Espíritu Santo.

La vida de fe la administra y conduce el Espíritu Santo. Conforme a esto, sin el Espíritu Santo no podemos llamar a Jesucristo nuestro Salvador, ni podemos ofrecer una verdadera oración, alabanza o culto a Dios.

Una persona que no tiene al Espíritu Santo solo puede llevar una vida de apariencia externa. Para evitarlo, tenemos que estar siempre llenos del Espíritu Santo. De esta manera seremos cristianos con la experiencia de los grandes milagros del Espíritu Santo que estremecen el mundo.

Cómo llenarnos del Espíritu Santo

Dios derrama su Espíritu Santo sobre los que creen en Jesucristo. A pesar de lo que Dios hace por nosotros, no podemos realizar las grandes obras del Espíritu Santo porque no leemos la Biblia ni oramos al Señor. Cuando por la lectura de la Biblia y la oración recibimos la plenitud del Espíritu Santo, tenemos la experiencia del gran milagro de vivir físicamente en este mundo y, al mismo tiempo, vivir con Dios espiritualmente en su reino.

Otra razón por la que no podemos realizar los milagros del Espíritu Santo es que impedimos que este haga la obra al no acudir con la presencia de la Palabra en nosotros y al no declarar nuestra fe en Jesucristo. Para realizar los milagros del Espíritu Santo, tenemos que creer en la Palabra y declarar nuestra fe en Jesucristo.

Cuando sufrimos enfermedades, tenemos que decir estas palabras para que Dios obre su sanidad en nosotros: "He encontrado la armonía con Dios mediante la sangre de Jesucristo y por la obra del Espíritu Santo he sido justificado. Cristo se ha encargado de todas mis enfermedades porque está consciente de mis debilidades. Al ser castigado en su cuerpo, Jesucristo me ha sanado."

Cuando declaramos nuestra fe de esta manera, el Espíritu Santo oye las palabras y nos sana en conformidad con ellas.

Por supuesto, no significa que debe pronunciar estas palabras de fe de labios para afuera y decir que sanó mientras sigue sufriendo la enfermedad. Lo que quiere decir es que, después de decir estas palabras, espere la sanidad que el Espíritu Santo producirá. "Al ser castigado en su cuerpo, Jesucristo me ha sanado." Cuando con ello declaramos nuestra fe, veremos la obra del Espíritu Santo en la curación de nuestra enfermedad y en nuestro fortalecimiento.

También, debido a la pobreza o por haber fracasado, vienen momentos en que enfrentamos situaciones que son reales e inmediatas como es el caso del hambre. En tales momentos, tenemos que confiar en la Palabra de Dios para que el Espíritu Santo pueda descender sobre la circunstancia y darnos la bendición del bienestar. La importancia de nuestra clara declaración de fe no puede dejar de enfatizarse. Jesucristo dijo: "A ti te daré las llaves del reino de los cielos; y todo lo que atares en la tierra será atado en los cielos; y todo lo que desatares en la tierra será desatado en los cielos" (Mateo 16:19). El Espíritu Santo obra para traernos maravillosas bendiciones con nuestra declaración de fe como fundamento.

En dependencia del Espíritu Santo que obra según la Palabra de Dios, debemos declarar sin cesar palabras de optimismo y creatividad. Cuando lo hacemos, el Espíritu Santo introduce un nuevo orden, nos da nueva vida y nos llena de abundancia.

*Oh Dios de toda la creación, te damos
gracias por enseñarnos que el Espíritu Santo
obra a medida que confesamos y declaramos
nuestra fe con nuestros labios. Ayúdanos a
experimentar grandes milagros en la medida
que confiamos en el Espíritu Santo, y que
continuamente pronunciemos palabras
creativas, positivas y productivas. En el
nombre de Cristo. Amén.*

La ley de vida del Espíritu Santo

Donde la gente se reúne en una sociedad, debe haber ley y orden. Dado que cada persona tiene diferentes opiniones y objetivos en la vida, para que muchas personas se unan y vivan juntas se necesita un conjunto común de ley y orden que todos deben acatar.

Sin embargo, las reglas y las leyes que los hombres hacen no son completas ni perfectas. Solo el Dios omnipotente tiene la ley perfecta y absoluta. Dios dio los Diez Mandamientos a su pueblo escogido, los israelitas. Sin embargo, no hubo una sola persona en el mundo que pudiera cumplir por completo los mandamientos de Dios. Por eso, Cristo murió en nuestro lugar en la cruz para echar a un lado las leyes, la ley de la muerte y la condenación. En su lugar, sin embargo, Jesucristo nos dio la ley de vida del Espíritu Santo.

¿Qué es la ley de vida del Espíritu Santo?

La ley de la nueva era

En la época del Antiguo Testamento había muchas leyes basadas en los Diez Mandamientos, las cuales dio Moisés. Aunque Dios les dio las leyes a los israelitas con buenas intenciones y buenos objetivos, no hubo una sola persona que fuera capaz de guardar por completo la ley. Como resultado, todos quedaron bajo el juicio condenatorio de la ley.

Jesucristo vino al mundo a cerrar la era de la ley y a inaugurar la nueva era de las bendiciones. A través de sus sufrimientos en la cruz, pagó la deuda de todos nuestros pecados pasados, presentes y futuros, y nos salvó del juicio de la ley. De la misma manera que se hacen nuevas leyes cuando comienza una nueva era, en este período de la gracia la autoridad de la ley de Moisés dio paso a la ley de amor del Espíritu Santo.

La ley del perdón y el amor

Jesucristo, al cumplir la ley de Moisés, abolió la ley y los pecados que estaban bajo la ley. Esta verdad la comprobamos al leer la Biblia (Juan 8:1-11). Los fariseos y algunos funcionarios públicos sorprendieron a una mujer en el acto de cometer adulterio y la llevaron ante Jesús. Uno de la multitud atrevidamente hizo una pregunta a Jesús: "Maestro, esta mujer ha sido sorprendida en el acto mismo de adulterio. Y en la ley mandó Moisés apedrear a tales mujeres. Tú pues, ¿qué dices?" Jesucristo, oyendo estas palabras, se inclinó y escribió algo en tierra en silencio, y luego hablo. "El que de vosotros esté sin pecado sea el primero en arrojar la piedra contra ella." Al oír las palabras de Jesús, cada persona de la multitud comenzó a comprender su condición de pecado y se fue para su casa. Un rato más tarde Jesús le habló a la mujer y le dijo: "Ni yo te condeno; vete y no peques más."

Según los mandamientos, y específicamente por el séptimo mandamiento, merecía morir apedreada. La ley de vida la libró de que la ley del pecado y la muerte la condenara.

De esta manera, todo aquel que cree en Jesucristo no será castigado por la ley, más bien vivirá al recibir el perdón del amor del Espíritu Santo.

La ley de la gracia y la verdad

"Pues la ley por medio de Moisés fue dada, pero la gracia y la verdad vinieron por medio de Jesucristo" (Juan 1:17).

Después que Jesucristo vino a este mundo terminó la era de la ley y comenzó la nueva era de la gracia por la ley del Espíritu

Santo. Quienes vivimos en la era de la gracia tenemos que creer y aceptar esta gracia de la salvación.

En cierta ocasión, el famoso evangelista Moody preparaba un sermón sobre la gracia. Mientras lo hacía, lo venció la emoción bendecido por la gracia de Dios y salió a la calle. Llamó a una persona que iba pasando y le hizo la pregunta: "¿Sabe usted lo que es la gracia?" La persona era un policía que hacía su ronda. Se conmovió mucho por la pregunta de Moody y se arrepintió de sus pecados y recibió a Cristo. La gracia de Dios no solo puede mover las emociones de las personas, también puede producir grandes cambios en ella.

Con relación a los que hemos recibido la salvación por medio de Jesucristo, tenemos que buscar la gracia y el conocimiento. La Biblia nos lo explica: "Si os he dicho cosas terrenales y no creéis, ¿cómo creeréis si os dijere las celestiales?" (Juan 3:12).

Los que no conocen la verdad todavía están obligados por la antigua ley y viven en la frustración y la desesperación. Quienes creen en Jesucristo como el camino, la verdad y la vida tienen una vida de devoción y poder mientras buscan la verdad. Esto lo hace posible el Espíritu Santo de la verdad que entra en nosotros para limpiarnos de toda inmoralidad y vileza.

La ley del Espíritu Santo es la ley de la nueva era, la ley del perdón y la ley de la gracia y la verdad. Somos nueva criaturas y vivimos bajo la ley de vida del Espíritu Santo.

Oh Dios todopoderoso, sentimos gratitud por tu gracia al salvarnos a nosotros que merecíamos ser lanzados en el lago de la condenación eterna. Ayúdanos a vivir con la bendición de la salvación, a tener vidas valiosas llenas de esperanza bajo la ley del Espíritu Santo de amor y a disfrutar de un propósito verdadero en la vida. Lo ruego en el nombre de Jesucristo. Amén.

10

La obra del Espíritu Santo

Sobre la tierra, todos los seres vivos se comporta según las leyes naturales de la existencia. Esta es la ley de daca y toma. Por ejemplo, los animales herbívoros comen vegetales, los carnívoros se comen los herbívoros, cuando los carnívoros mueren, las bacterias aparecen y absorben los cuerpos de los carnívoros. En la medida que la cadena alimenticia continúe en acción en forma eficiente, seguirá la vida en la tierra. Además de este ejemplo, hay muchas otras leyes de daca y toma que siguen los seres vivos en esta tierra.

Vida en el Espíritu Santo

¿Cómo se manifiesta esta ley de los seres vivos en la Iglesia? Para que la Iglesia, que es el cuerpo de Cristo, siga viviendo en forma sana, también debe participar en el "daca y toma" espiritual con el Espíritu Santo. Si una persona dice que "la vida en Cristo es buena con o sin el Espíritu Santo, puede afirmarse que tal persona ha entendido mal las verdades básicas de la fe cristiana. Quien no haya recibido el Espíritu Santo solo puede comprender los principios teóricos, filosóficos y morales del cristianismo, pero no tiene suficiente entendimiento para tener una vida de fe, que es lo más importante. La vida en la fe cristiana es una vida en armonía con el Espíritu Santo. Como cristiano que vive por la fe, con gratitud y alabanza que brota del corazón, y para llevar una vida llena de oración y del deseo de testificar en el nombre de Cristo, primero tenemos que reconocer, recibir y aceptar el Espíritu Santo en nuestro corazón.

¿Qué es exactamente lo que el Espíritu Santo hace en nuestro corazón?

El Espíritu Santo reprende al mundo

Jesucristo habló claramente de la obra del Espíritu Santo.

"Cuando Él venga, convencerá al mundo de pecado, de justicia y de juicio" (Juan 16:8).

En primer lugar, el Espíritu Santo reprende al mundo por su pecado. Esto significa que el Espíritu Santo nos hace comprender nuestro pecado. El hombre comete el pecado ante los ojos de Dios, ya se a propósito o por ignorancia. De todos los pecados que la humanidad comete el mayor es el de "no creer en Jesucristo". Él se despojó de todas las glorias del cielo y descendió a este mundo ruin y miserable. Bajó a este mundo para salvar a una humanidad vil y pecaminosa que merecía la condenación. Entonces Jesucristo cargó sobre sus espaldas todos nuestros pecados y murió en la cruz. Por eso, si no creemos en Jesucristo, no podemos evitar el juicio de Dios.

En segundo lugar, el Espíritu Santo reprende al mundo acerca de su justicia. Desde el principio de la humanidad, ha nacido en el mundo un incontable número de personas, pero no hay uno que haya escapado de la muerte para vivir eternamente. Jesucristo resucitó al tercer día de su muerte. La resurrección de Cristo significa que todas las deudas de la humanidad se cancelaron de una sola vez y que se brindó un camino de salvación y de justicia. El Espíritu Santo nos ayuda a comprender este hecho esencial.

En tercer lugar, el Espíritu Santo nos ayuda a comprender que el diablo, que actuaba como rey de este siglo, se ha juzgado. El diablo podía actuar como rey de este mundo porque el hombre traicionó a Dios y transitó la senda del pecado. Sin embargo, por la muerte de Cristo, que nos limpió de nuestro pecado en la cruz, se negó al diablo el papel de rey de este mundo. En cuanto a los que creemos en Jesucristo, se nos ha dado la libertad de la ley del diablo de la muerte y el pecado y ahora vivimos redimidos bajo la ley del Espíritu Santo de amor. El Espíritu Santo permite que comprendamos este hecho.

Nos ayuda a aceptar a Jesucristo como Salvador

El Espíritu Santo hace posible que miremos a Cristo con los ojos de la fe y guía nuestro corazón para aceptar a Cristo como nuestro Salvador.

Si analizamos acontecimientos como estos de la vida de Cristo: su concepción en la virgen María, los diversos milagros que hizo sobre la tierra, llevar los pecados del mundo sobre sus espaldas y resucitar al tercer día, sería imposible que los creyésemos con puro intelecto y raciocinio humano. El Espíritu Santo es el que nos da el entendimiento que vence esta limitación para que podamos creer y aceptar a Cristo como nuestro Salvador.

"Por tanto, os hago saber que nadie que hable por el Espíritu de Dios llama anatema a Jesús; y nadie puede llamar a Jesús Señor, sino por el Espíritu Santo" (1 Corintios 12: 3).

Nos da poder

Llevar una vida de fe es una batalla espiritual continua. Pedro advierte: "Sed sobrios, y velad; porque vuestro adversario el diablo, como león rugiente, anda alrededor buscando a quien devorar. Al cual resistid firmes en la fe, sabiendo que los mismos padecimientos se van cumpliendo en vuestros hermanos en todo el mundo" (1 Pedro 5:8-9).

¿Qué podemos hacer para tener la victoria sobre las tentaciones de Satanás y cómo hacerlo? La Biblia nos enseña el camino de la victoria.

"Por tanto, tomad toda la armadura de Dios, para que podáis resistir en el día malo, y habiendo acabado todo, estad firmes. Estad, pues, firmes ceñidos vuestros lomos con la verdad, y vestidos con la coraza de justicia, y calzados los pies con el apresto del evangelio de la paz" (Efesios 6:13-15).

Si no recibimos esta autoridad del Espíritu Santo, no solo fracasaremos en nuestra vida espiritual diaria, sino que tampoco podremos hacer obra alguna para Dios. Tenemos que pedirle a Dios sin cesar el poder del Espíritu Santo y, con su poder, tendremos la victoria en las batallas contra Satanás y conoceremos la gran mano de Dios.

El Espíritu Santo redarguye a este mundo, nos hace creer en Jesucristo y nos da la fortaleza y el poder para hacer las obras de Dios. Cuando recibimos la ayuda del Espíritu Santo, podemos tener una vida de fe victoriosa cada día.

Oh Señor que todavía obras entre nosotros, te damos gracias por enviarnos tu Espíritu Santo que nos hace entender nuestro pecado para que podamos arrepentirnos y recibir la salvación creyendo en Jesucristo. También te damos gracias por darnos el poder del Espíritu Santo que nos permite tener la victoria sobre el diablo. Ayúdanos a vivir con el Espíritu Santo y a tener una vida victoriosa. En el nombre de Cristo. Amén.

El fruto del Espíritu Santo

Cuando creemos y aceptamos a Jesucristo, el Espíritu Santo viene a morar en nuestro corazón y nos hace llevar nueve frutos diferentes. En la parábola de la vid, Jesucristo nos enseña a llevar fruto.

"Permaneced en mí, y yo en vosotros. Como el pámpano no puede llevar fruto por sí mismo, si no permanece en la vid, así tampoco vosotros, si no permanecéis en mí. Yo soy la vid, vosotros los pámpanos" (Juan 15:4-5).

Además, Jesús dice que Dios es glorificado cuando llevamos mucho fruto para Él.

Entonces, ¿qué clase de frutos espirituales produce en nosotros el Espíritu Santo cuando estamos en Cristo?

Fruto de amor

El amor que da el Espíritu Santo no es un amor sexual, eros; tampoco es un amor entre amigos, filio; ni es un amor de padres a hijos, storge. Aunque hay algunas diferencias en grado entre tales amores, se reconocen como condicionales, un amor mutuo. Sin embargo, el amor que da el Espíritu Santo es el amor de Dios, el amor "ágape." Este es el amor que se sacrifica, es incondicional y da primero, un amor en un solo sentido.

Tenemos que orar para llevar fruto de amor *ágape* en nuestra vida diaria por medio del Espíritu Santo.

Fruto de gozo

El gozo que da el Espíritu Santo es básicamente diferente a la felicidad que se logra mediante las riquezas, la fama, la posición, el medio o la satisfacción física. La felicidad que nos da el Espíritu Santo es el gozo y placer que surgen de lo profundo del alma por la gracia de Jesucristo. El fruto de la felicidad crece en nosotros cuando reverenciamos la Palabra de Dios y de Cristo, y oramos todos los días con una vida llena de fe.

Fruto de paz

La paz que da el Espíritu Santo no es la paz que viene de un ambiente apacible.

Un hombre rico invitó a varios pintores a su casa. Ofreció pagar una linda suma por la pintura que representara en mejor forma la paz. Después de hacer su oferta pidió a los pintores que se pusieran a trabajar. Todos pintaron lo mejor. Después de terminar, cada uno comenzó a mostrar su pintura.

La primera mostraba un plácido paisaje campestre. El rico contempla la pintura durante algunos minutos y pasó a ver la siguiente.

La segunda representaba una hermosa familia que se había reunido y conversaban alegremente. El rico también la pasó por alto.

La tercera pintura era de un lago en calma en un día soleado y cielo azul, con una pequeña nube. El rico lo miró y la dejó.

El cuarto cuadro era de una imponente cascada, como las cataratas del Niágara. Junto a la caída de agua había una ramita que salía de entre las rocas. En la rama había una avecilla madre pacíficamente echada sobre sus huevos en el nido.

El rico se quedó paralizado con sus ojos puestos en el cuadro y luego compró la pintura. Cuando los demás artistas comenzaron a preguntar la razón de su decisión, el hombre les respondió tranquilamente:

"Mirad los ojos de la madre echada sobre los huevos. No tiene temor, solo paz. Está en un nido que en cualquier momento la cascada podría arrastrar o una brisa podría lanzar lejos. De la misma manera, nosotros no sabemos cuándo va a atacar la desgracia. Pero si tenemos paz como esa ave, será una verdadera paz."

Es así cómo el fruto de la paz que nos concede el Espíritu Santo no vincula a aun ambiente apacible. La verdadera paz viene de lo profundo de nuestra alma. Solo esta paz puede vencer el temor para darnos una fe poderosa y valiente.

Fruto de paciencia

La paciencia es la base de la fe. Debido a esto, Dios nos prueba la paciencia antes de bendecirnos.

Soportar, en especial, es el primer fundamento de creer lo que Dios nos dice. Si de verdad hemos recibido la Palabra de Dios, sin importar qué desastre ni sufrimiento enfrentemos, estaremos en condiciones de soportar nuestros sufrimientos mediante su Palabra.

Además, la paciencia no tiene la menor duda en cuanto al amor de Dios. Job, según narra la Biblia, enfrentó muchas penurias indescriptibles. Sin embargo, soportó un largo período de sufrimientos y venció los desastres con mucha paciencia. Por su paciencia y capacidad de soportar, Dios multiplicó las bendiciones de Job.

Una fe sin paciencia no se puede decir que sea verdadera. Sin embargo, este tipo de paciencia no es posible con nuestra sola determinación y fortaleza física. Solo con la ayuda del Espíritu Santo podemos llevar fruto de paciencia en el corazón.

Fruto de benignidad

La benignidad se refiere al corazón que puede sentir piedad y dolor por otra persona. Originalmente el hombre se creó con un corazón compasivo. Pero cuando entró el pecado en nuestra vida, perdimos el corazón compasivo.

Como resultado, nuestro corazón se llenó de celo, envidia, odio, rencillas y otras emociones perversas. Además, en nuestro corazón comenzaron a regir pensamientos culpables de desobediencia y de enfrentamiento con Dios.

Sin embargo, Dios nos trata con una compasión sin límites. En la Biblia podemos encontrar cómo trató Jesús a la mujer sorprendida en el acto de adulterio: con compasión y sin reproche ni castigo (Juan 8:1-11). El Espíritu Santo nos ayuda a llevar fruto de benignidad que nos permite tener compasión de tales personas y ayudarlas.

Fruto de bondad

La bondad consiste en tener un corazón bueno y hacer el bien a los demás.

Aunque hay algunas personas en este mundo que nacen con bondad y mansedumbre en sus corazones, hay otras que nacen con corazones malos y violentos. El Espíritu Santo obra internamente en personas de tan diversos caracteres para que lleven frutos de bondad. Un marido bondadoso, una esposa bondadosa, un hijo bondadoso, un vecino bondadoso, un cristiano bondadoso son personas que no solo iluminan y aman su familia, sino también iluminan y aman a su iglesia y a su comunidad. El Espíritu Santo lleva fruto desde nuestro interior para que podamos vivir de una manera digna de ser llamados sus hijos.

Fruto de fe

La fe se refiere a la firmeza en cualquier situación. Seguir con una convicción inalterable. Tener lealtad.

En la actualidad este tipo de lealtad se hace cada vez más difícil de encontrar. Quienes hemos recibido la bendición de la salvación en la cruz, debemos ser fieles a Dios y a Jesucristo hasta la muerte, sin importar cómo el mundo considere nuestra fe.

La Biblia recomienda: "No temas en nada lo que vas a padecer. He aquí el diablo echará a algunos de vosotros en la cárcel, para que seáis probados, y tendréis tribulación por diez días. Sé fiel hasta la muerte, y yo te daré la corona de la vida" (Apocalipsis 2:10). Dios quiere nuestra fidelidad. Por tanto, tenemos la obligación de ser fieles. Debido a esto, el Espíritu Santo nos ayuda a dar el fruto de la fe en nuestros corazones para que seamos completamente fieles a Jesucristo y a Dios mientras vivamos en este mundo.

Fruto de mansedumbre

La mansedumbre se refiere al calor y ternura del corazón que es manso y obedece la voluntad de la persona. Los animales feroces sin domar viven salvaje y rudamente, llenos de peligro y de temor. Los animales mansos que la humanidad ha domado viven bajo la protección del hombre y tienen una vida cómoda.

La vida es similar a esto. Aunque podamos pensar que las personas fieras y agresivas tengan una buena vida, estamos equivocados. Es raro encontrar una persona de tales características que lleve una vida apacible. Sorprendentemente, es más fácil ver a una persona mansa y humilde que vive en forma apacible y tranquila. "Bienaventurados los mansos, porque ellos recibirán la tierra por heredad" (Mateo 5:5). Debido a que Dios personalmente cuida a los mansos, ellos no solamente reciben bendición mientras viven en este mundo, también reciben el reino de Dios.

El Espíritu Santo lleva fruto de mansedumbre en nuestro corazón para que recibamos los cuidados y las bendiciones de Dios.

Fruto de templanza

Templanza significa suprimir los deseos desmedidos y estar satisfecho con sus propios límites.

El apóstol Pablo dice: "Digo, pues, por la gracia que me es dada, a cada cual que está entre vosotros, que no tenga más alto concepto de sí que el que debe tener, sino que piense de sí con cordura, conforme a la medida de fe que Dios repartió a cada uno" (Romanos 12:3).

El exceso, aun de cosas buenas, puede ser malo. Por consiguiente, el Espíritu Santo de la templanza nos ayuda a dar frutos de temperancia que nos enseñan a conocer nuestros límites y a vivir dentro de ellos.

Con respecto a todos nosotros que Jesucristo ha salvado, el Espíritu Santo mora en nosotros. Él hace posible que glorifiquemos a Dios y nos ayuda a llevar el fruto del Espíritu Santo en nuestra vida diaria.

Amado Dios de bendiciones, te damos gracias por salvarnos a nosotros que éramos pecadores y por ayudarnos a ser semejantes a tu imagen con la ayuda del Espíritu Santo. Ayúdanos a glorificarte continuamente llevando el fruto del Espíritu Santo en nuestra vida a medida que Él nos guía hasta el día de nuestra muerte. En el nombre de Cristo. Amén.

El Espíritu Santo nos fortalece en nuestras debilidades

Cuando la gente piensa que su trabajo es de gran valor y va a dar buenos resultados, siente más deseo y decisión en su trabajo y puede vencer muchas dificultades. Sin embargo, cuando a alguien lo vence el pensamiento de que su tarea es infructuosa o vana, la ansiedad y la frustración puede derrotarla, haciendo que abandone su tarea. A veces, aun los creyentes se encuentran desalentados y con poca visión del futuro debido a tales pensamientos.

La Biblia nos enseña acerca de tales pensamientos de esta manera: "Y sabemos que a los que aman a Dios, todas las cosas les ayudan a bien, esto es, a los que conforme a su propósito son llamados" (Romanos 8:28). Esta bendición solo es posible con la ayuda del Espíritu Santo. Entonces, ¿a qué clase de personas ayuda el Espíritu Santo?

A los que aman a Dios

El Espíritu Santo puede cambiar fácilmente nuestro medio y nuestro destino. Sin embargo, no presta su mano de ayuda a cualquier persona. El Espíritu Santo da la capacidad adecuada y el poder a los que aman a Dios con reverencia y sinceridad, y que reflejen la gloria de Dios.

Entonces, ¿qué significa exactamente el amor de Dios?

A cualquiera le gusta pasar tanto tiempo como le sea posible con sus seres más queridos. Cuando confesamos amar a alguien con la boca, pero nuestro corazón está lejos de esa persona, la confesión no es de un verdadero amor. En casos de verdadero amor, aunque físicamente el cuerpo pueda estar muy lejos, el corazón de dos que se aman está siempre cerca uno del otro. Quizás no con el cuerpo, pero sí con el espíritu. Lo que hace posible, aun a la distancia, la comunicación de corazón a corazón. Por eso, amar a Dios es igual a tener el centro de nuestro corazón siempre dirigido hacia Dios. Esto significa que no debiéramos estar satisfechos con alabar y dar gracias a Dios solo en los cultos dominicales. Amar a Dios significa vivir y tener una comunión continua con Él todos los días.

Jesús dice: "Mas la hora viene, y ahora es, cuando los verdaderos adoradores adorarán al Padre en espíritu y en verdad; porque también el Padre tales adoradores busca que le adoren. Dios es Espíritu; y los que le adoran, en espíritu y en verdad es necesario que adoren" (Juan 4:23-24). Tener amor hacia Dios significa ser reverente y sincero con Dios.

A quienes continuamente viven y tienen comunión con Dios, el Espíritu Santo les presta su mano de ayuda.

A los que testifican del evangelio

Cuando amamos a alguien, tenemos la tendencia a ver solo buenas cualidades en esa persona, y a cualquier parte que vayamos, nos jactamos y hablamos de esa persona. Los padres que aman a sus hijos miran todas sus acciones con amor, tratan de disimular sus faltas, y se jactan de sus hijos ante sus vecinos. También, la esposa que ama a su marido se jactará de su marido ante los demás. Y el marido que ama a su esposa no da a conocer sus faltas ante los demás y habla solo de sus méritos.

Así que, si amamos a Dios de verdad, tendremos muchos deseos de hablar de lo bueno que es Dios con todo aquel que nos encontremos.

Dios es bueno de verdad. Es el Dios todopoderoso que creó el universo y todo lo que en él hay. Además, es la fuente de todas las bendiciones. Dios envió al mundo a su Hijo unigénito, Jesucristo que, debido a su amor por la humanidad caída, llevó una vida de sufrimientos y condenación.

Y haciendo a Jesucristo responsable por todos nuestros pecados y castigándolo en la cruz, Dios abrió el camino de la salvación y la vida eterna para todo aquel que cree en Jesucristo. Además, nos envió al Espíritu Santo para que nos ayude en nuestras debilidades. ¡Cómo podremos nosotros, que confesamos amar a Dios, vivir sin testificar de este grande y bendito evangelio de Jesucristo!

Cuando las personas que aman verdaderamente a Dios, predican el evangelio de esta manera. Por tanto, el Espíritu Santo no solo les da poder, sino también satisface sus necesidades. El apóstol Pablo lo confiesa así: "Pues si anuncio el evangelio, no tengo por qué gloriarme; porque me es impuesta necesidad; y ¡ay de mí si no anunciare el evangelio!" (1 Corintios 9:16).

El Espíritu Santo ayudó mucho a Pablo en su ministerio de predicar el evangelio. Lo ayudó a vencer sus debilidades a fin de testificar con seguridad el evangelio aun frente a incontables persecuciones y sufrimientos.

En cuanto a nosotros, también tenemos que dedicarnos con todas nuestras fuerzas a testificar del evangelio. No importa si sentimos o no que es el momento oportuno para la acción. Cuando así lo hacemos, podemos ver la gran mano de ayuda del Espíritu Santo y podemos glorificar a Dios.

A los que agradan a Dios

Para hacer feliz a la persona que amamos llegaremos a todos los extremos sin discreción. Confesar que tenemos el deseo de agradar a una persona sin hacer un esfuerzo verdadero, es una señal de un amor falso o carente de sinceridad.

Los hijos que aman a sus padres tratan de hacer lo mejor que pueden para hacerlos felices. Los padres que aman a sus hijos soportarán sufrimientos y sacrificios por ellos a fin de ver felices sus rostros. Además, si una persona ama verdaderamente su país, dedicará su vida a cualquier tarea, grande o pequeña, y será leal a su patria.

De igual manera, si de verdad amamos a Dios, no tenemos que tener reservas cuando se trata de agradarle. No tienen que dolernos las penurias ni los sacrificios si se trata de agradar a Dios. Aparte de adorar a Dios con reverencia y sinceridad, tenemos que consagrar nuestro cuerpo y nuestro tiempo para su obra. Tenemos que mostrar nuestro amor a Dios con nuestros diezmos y con la ayuda a nuestro prójimo. Aparte de estas cosas, tenemos que estar dispuestos a hacer lo que podamos para agradar a Dios. Y a quienes de verdad tienen este deseo en su corazón, el Espíritu Santo les tiende su mano de ayuda.

Además, a través de la Biblia, Dios promete grandes bendiciones para dichas personas.

"Si obedeciereis cuidadosamente a mis mandamientos que yo os prescribo hoy, amando a Jehová vuestro Dios, y sirviéndole con todo vuestro corazón, y con toda vuestra alma, yo daré la lluvia de vuestra tierra a su tiempo, la temprana y la tardía; y recogerás tu grano, tu vino y tu aceite. Daré también hierba en tu campo para tus ganados; y comerás, y te saciarás" (Deuteronomio 11:13-15).

Cuando nuestra vida se centra en agradar a Dios, el Espíritu Santo fortalece nuestros puntos débiles y de esa manera suma a nuestras bendiciones.

El camino más corto para recibir la mano de ayuda del Espíritu Santo es tener una vida de amor verdadero a Dios, como testigos del evangelio de Cristo, a tiempo y fuera de tiempo, y siempre preocupados de agradar a Dios.

Oh Dios omnipotente, te damos gracias por fortalecer nuestros puntos débiles y por derramar en nosotros tu fortaleza por medio de tu Espíritu Santo. Ayúdanos a que el Espíritu Santo nos llene y dirija de modo que siempre podamos agradar y glorificar a Dios. En el nombre de Cristo. Amén.

El Espíritu Santo nos guía

Como una prueba de que somos hijos de Dios, el Espíritu Santo mora en quienes creímos y nacimos de nuevo. Nos guía, además, para que nuestra vida se desarrolle conforme a la voluntad de Dios.

Jesucristo dice: "Y yo rogaré al Padre, y os dará otro Consolador, para que esté con vosotros para siempre" (Juan 14:16). Y también: "Andad en el Espíritu y no satisfagáis los deseos de la carne" (Gálatas 5:16). Siempre tenemos que recibir y reconocer al Espíritu Santo y vivir bajo su dirección.

Entonces, ¿cómo nos guía el Espíritu Santo?

Dirección mediante la inteligencia

Hay personas que enseñan que para que el Espíritu Santo nos guíe, tenemos que desechar el intelecto y la razón. Sin embargo, esa es una teología indebida que enfatiza la naturaleza misteriosa del Espíritu Santo. Esto se debe a que la humanidad se creó a la imagen de Dios y, aunque somos seres espirituales, también somos seres físicos con inteligencia, emociones y voluntad.

De las cualidades que constituyen al hombre, la inteligencia y la razón nos ayudan a hacer juicios y decisiones, a entender los significados y motivos, y a buscar e investigar el origen o la causa de las cosas. El deslumbrante desarrollo de la cultura y la sociedad moderna fue posible gracias al intelecto y la razón que Dios dio a la humanidad. Sin embargo, la humanidad no lo comprende y ha llegado a creer que se debió a la fortaleza y voluntad propia que la civilización alcanzó su gran desarrollo. El hombre se enorgullece al pensar esto. Lo que es peor, utiliza el intelecto y la capacidad de raciocinio que Dios le dio para desarrollar nuevas armas de guerra de destrucción masiva o promueven el progreso de tecnologías que destruyen la naturaleza, todo ello procurando satisfacer su codicia. No es con este objetivo que Dios dotó a la humanidad de inteligencia y discernimiento.

La inteligencia y la razón que Dios concedió a la humanidad debieran utilizarse para comprender y discernir la sabiduría de Él. "Pero cuando venga el Espíritu de verdad, Él os guiará a toda la verdad; porque no hablará por su propia cuenta, sino que hablará todo lo que oyere, y os hará saber las cosas que habrán de venir" (Juan 16:13). De la única manera que podemos darnos cuenta y comprender la verdad que es Dios es si el Espíritu Santo, el

Espíritu de la verdad de Dios, entra en nosotros y obra para hacernos entender dicha verdad.

Cuando el Espíritu Santo entra en nosotros y obra en nuestro intelecto, recibimos la sabiduría para completar con éxito nuestra tarea. En una revista teológica tuve la oportunidad de leer el testimonio de un científico. Era médico y realizaba investigaciones que arrojaran luz sobre "el misterio de la vida". Sin embargo, la investigación estaba fracasando y no veía progreso. Se sentía muy frustrado y comenzaba a desalentarse. De pronto, le vino un pensamiento: "Comenzaré después que haya orado." Había comprendido que para investigar las leyes de la naturaleza que Dios estableció, lo primero que tenía que hacer era orar a Él. Inmediatamente se puso de rodillas en su sala de investigaciones y oró a Dios con fervor para que tomara a su cargo la investigación. De allí en adelante la investigación progresó a un paso sorprendente y pudo presentar su tesis en la fecha señalada. Según la información revelada más tarde, cincuenta científicos japoneses que trabajaban en un proyecto similar terminaron mucho después, cuando lograron alcanzar la misma conclusión que el científico que oró había alcanzado.

Este testimonio nos enseña que cuando el Espíritu Santo le acompaña y le guía, cualquier trabajo que haga lo podrá hacer no solo con más rapidez, sino con más facilidad.

El Espíritu Santo es un ser con personalidad que también tiene intelecto. En la Biblia leemos: "Pero Dios nos las reveló a nosotros por el Espíritu" (1 Corintios 2:10). Cuando el Espíritu Santo ilumina nuestro intelecto, podemos conocer y entender con un poco más de profundidad al Dios vivo.

Dirección mediante las emociones

El Espíritu Santo tiene emociones y sentimientos. Planta el amor de Dios en nuestros corazones, de modo que podamos actuar con emociones. A veces, el Espíritu Santo se preocupa y entristece por nosotros. La Biblia dice: "No contristéis al Espíritu Santo de Dios, con el cual fuisteis sellados para el día de la redención" (Efesios 4:30). "De igual manera el Espíritu nos ayuda en nuestra debilidad; pues qué hemos de pedir como conviene, no lo sabemos, pero el Espíritu mismo intercede por nosotros con gemidos indecibles" (Romanos 8:26).

El Espíritu Santo nos guía a través de nuestras emociones. Cuando empezamos a esperar algo o tenemos un deseo en nuestro corazón, primero debemos orar y pedir la dirección del Espíritu Santo. Cuando oramos pidiendo dirección acerca de lo que esperamos, y nos llenamos de incertidumbre en lugar de recibir paz y gozo, tenemos que comprender que es una señal, manifestada por medio de nuestras emociones, de que el Espíritu Santo desaprueba lo que esperamos.

"Porque Dios es el que en vosotros produce así el querer como el hacer, por su buena voluntad" (Filipenses 2:13).

Si es algo que Dios también desea, nos llenaremos con un ardiente deseo y con paz, gozo y certidumbre. Por consiguiente, en todo lo que hacemos, primero debemos buscar la dirección del Espíritu Santo y luego debemos emprender la obra con paz, esperanza y certeza que Él nos da. Cuando así lo hacemos, resulta en gloria para Dios.

Dirección mediante la voluntad

El Espíritu Santo que tiene carácter y personalidad, también tiene voluntad. El Espíritu Santo juzga si nuestra voluntad es la voluntad de Dios y nos guía para que ambas sean la misma. Cuando procuramos una tarea que no es la voluntad de Dios sino la nuestra, esa tarea no solo no se llegará a completar, sino además se destruirá.

Un ejemplo de esto se puede ver en el caso del primer rey de Israel, Saúl. El rey Saúl recibió de Dios, por medio del profeta Samuel, la orden de aniquilar a todos los amalecitas. No solo se trataba del pueblo, sino también del ganado. Sin embargo, Saúl desobedeció el mandamiento de Dios y tomó prisionero al rey de los amalecitas y reservó lo mejor de las ovejas y las vacas. La desobediencia de Saúl provocó la ira de Dios, quien no solo lo abandonó, sino que le quitó su corona. En vez de arrepentirse de su desobediencia, Saúl siguió viviendo según su propia voluntad, desafiando a Dios, y halló un trágico fin.

Siempre tenemos que inclinar nuestra voluntad ante la Palabra de Dios. "Derribando argumentos y toda altivez que se levanta contra el conocimiento de Dios, y llevando cautivo todo pensamiento a la obediencia a Cristo" (2 Corintios 10:5). Esta es la voluntad y el poder de Dios.

"El corazón del hombre piensa su camino; mas Jehová endereza sus pasos" (Proverbios 16:9).

Siempre debemos esperar las órdenes y la dirección del Espíritu Santo, y vivir según a lo que Él nos dice. Cuando llevamos una vida de obediencia, el Espíritu Santo nos guía para que entendamos bien la voluntad de Dios.

El Espíritu Santo que tiene carácter y personalidad nos guía hacia la voluntad de Dios mediante nuestro intelecto, las emociones y la voluntad. Para tener esa dirección, debemos reconocer, recibir, aceptar y confiar en Él.

Oh Dios de amor sin límites, te damos
gracias por la obra del Espíritu Santo que
nos enseña tu voluntad y guía nuestra vida
por medio del intelecto, las emociones y la
voluntad. Ayúdanos para que nuestra vida
pueda glorificarte a medida que tu voluntad
nos guía. En el nombre de Cristo. Amén.

El Espíritu Santo guía la obra misionera

Durante el período entre la resurrección y la ascensión, Jesús dijo a sus discípulos "que no se fueran de Jerusalén, sino que esperasen la promesa del Padre, la cual, les dijo, oísteis de mí. Porque Juan ciertamente bautizó con agua, mas vosotros seréis bautizados con el Espíritu Santo dentro de no muchos días" (Hechos 1:4-5).

Los discípulos esperaron al Espíritu Santo que Jesús prometió y se reunían cada día en el aposento alto para orar. Después de diez días en oración, durante el Pentecostés, desde los cielos vino un sonido como de un gran viento recio y se les aparecieron como lenguas de fuego que se asentaron sobre cada persona. En aquella habitación, todos fueron llenos del Espíritu Santo y cada uno recibió el don de lenguas y hablaban en diferentes idiomas.

Debido a la fiesta, Jerusalén se encontraba llena de gente, judíos y gentiles, que habían llegado a Jerusalén para la celebración de Pentecostés. Pedro y los otros once apóstoles, llenos del Espíritu Santo, se pararon en medio de la multitud y comenzaron a dar testimonio en alta voz. Mientras Pedro predicaba, su testimonio impactó a tres mil personas. Decidieron creer en Jesucristo y se bautizaron. A partir de ese día, los discípulos adquirieron gran confianza y comenzaron a testificar del evangelio por toda la tierra.

Como vemos, la obra misionera no se puede separar del Espíritu Santo.

El Espíritu Santo testifica

El primer "misionero" en venir a este mundo con el evangelio celestial fue Jesús.

La Biblia dice: "Recorría Jesús todas las ciudades y aldeas, enseñando en las sinagogas de ellos, y predicando el evangelio del reino, y sanando toda enfermedad y toda dolencia en el pueblo" (Mateo 9:35).

Jesucristo vino a este mundo con el poder y la autoridad del reino de Dios, y enseñó a la gente acerca del reino de Dios. Después que Jesús culminó el plan de Dios para la redención del hombre y ascendió al cielo, vino el Espíritu Santo a este mundo para testificar del evangelio celestial. De esto había hablado Jesús con sus discípulos antes de su muerte.

"Pero cuando venga el Espíritu de verdad, Él os guiará a toda verdad" (Juan 16:13-14).

El Espíritu Santo es la figura central en la predicación del evangelio. Escoge a los que van a trabajar por Cristo y les da el llamamiento para ser misioneros y salir por todo el mundo para ser sus testigos. Mediante su testimonio, se abrirán el corazón de sus oyentes. Se conducirán al arrepentimiento. A través de la fe en Jesucristo todos recibirán la justificación y por la confesión de su boca recibirán la salvación.

La predicación del evangelio no se puede hacer simplemente por la boca y la sabiduría de los hombres. La predicación del evangelio solo es posible por la obra y el poder del Espíritu Santo.

El corazón de Cristo y la evangelización

Jesús se despojó de la gloria celestial y descendió a este mundo miserable con un cuerpo físico para sufrir y ser tentado de la misma manera que nosotros. Sufrió en este mundo para buscar la oveja perdida y salvarla. Debido al gran amor que tenía por todos, Jesucristo fue clavado en la cruz y derramó hasta la última gota de la sangre de su cuerpo para salvarnos del pecado y la muerte.

Durante el siglo diecinueve hubo un misionero de Inglaterra que fue a China para hacer obra misionera. Mediante la adopción del corazón y la mente de Jesucristo, logró realizar una gran labor. A los veintiocho años de edad, Dios lo bendijo. Ardía con el llamamiento de Dios para llevar el evangelio al interior de la China, donde aún no se conocía el evangelio. En esa época, China había cerrado todas sus puertas para evitar la entrada de culturas extranjeras. Dentro de China había mucha inquietud civil y disputas que convertía la obra misionera en una tarea terriblemente difícil. Sin importarle las dificultades, Taylor no se rindió, antes bien, se entregó a pensar con profundidad sobre cómo alcanzar a los chinos y llevar sus almas a Dios.

Por último, decidió hacerse chino. Se dejó crecer el pelo para hacerse una trenza al estilo asiático. Aprendió chino para hablarles en su idioma y usó sus ropas para presentar el mismo aspecto de ellos. Transformado en chino, se mezclaba con ellos y reía y lloraba con ellos, los ayudaba en sus enfermedades y les enseñaba la Biblia. Cuando comenzó a hacerlo así, los chinos comenzaron a convertirse a Dios, uno a uno. Hasta los cincuenta y dos años, edad en que murió, llevó un fruto incalculable para la obra misionera. Como resultado de sus esfuerzos, en la China comenzó un gran movimiento evangélico.

La cualidad más importante de los que testifican del evangelio es tener el corazón y la mente como Cristo: "El cual, siendo en forma de Dios, no estimó el ser igual a Dios como cosa a que aferrarse, sino que se despojó a sí mismo, tomando forma de siervo, hecho semejante a los hombres; y estando en la condición de hombre se humilló a sí mismo, haciéndose obediente hasta la muerte y muerte de cruz" (Filipenses 2:6-8).

Cuando testificamos de Cristo debemos hacerlo con la actitud de humildad y ardiente amor de Él. Tenemos que sentir gran compasión por las almas que van rumbo a la muerte y convertir nuestra alma en semilla de esperanza (Juan 12:24).

Oración y testimonio

El Espíritu Santo es un Espíritu de evangelización. Como resultado, la iglesia llena del Espíritu Santo se convierte en figura principal en la evangelización. Asimismo, el cristiano lleno del Espíritu Santo se convierte en líder evangelista. Sin embargo, la obra de evangelización solo puede hacerse con oración.

Un claro ejemplo de esto lo encontramos cuando observamos la iglesia de Antioquía en el libro de Hechos. Cuando los miembros de esta iglesia, oraban y ayunaban llenos del Espíritu Santo, con Cristo como su maestro, recibieron la orden del Espíritu: "Apartadme a Bernabé y a Saulo para la obra a que los he llamado" (Hechos 13:2). En obediencia a este mandato, prepararon a Bernabé y a Saulo y los enviaron como misioneros. Esto sirvió como trampolín en la difusión del evangelio por toda Asia Menor.

De la misma manera el Espíritu Santo difunde el evangelio por todo el mundo y utiliza la iglesia que ora. De ahí que el apóstol

Pablo exhorta enfáticamente a los creyentes en Colosas: "Orando también al mismo tiempo por nosotros, para que el Señor nos abra puerta para la palabra, a fin de dar a conocer el misterio de Cristo por el cual también estoy preso" (Colosenses 4:3).

Nosotros no solo debemos orar por los misioneros que han salido hacia todas partes del mundo para establecer nuevas iglesias, sino que también debemos apoyarlos para que su misión de evangelizar el mundo pueda seguir y se expanda. Este apoyo a la obra misionera puede venir con una persona que se convierte en misionero. Sin embargo, hay otras vías igualmente importantes: el apoyo económico y el apoyo en oración.

La obra misionera es la santa voluntad de Dios y responsabilidad nuestra mientras vivamos en este mundo. Por lo tanto, hay que orar continuamente y tener la plenitud del Espíritu Santo. Asimismo, tenemos que ser semejantes a Cristo en humildad y de corazón, y depositar todos nuestros esfuerzos en la evangelización.

Oh Dios que controlas la historia de la humanidad, queremos vivir según tu voluntad. Por la Biblia comprendimos que la evangelización de todo el mundo es tu voluntad. Oramos y pedimos que nos llenes de tu Espíritu Santo de evangelización, tanto para Corea como para el extranjero. En el nombre de Cristo. Amén.

11

Los beneficios de recibir la plenitud del Espíritu Santo

*J*esucristo anunció y enfatizó la "venida del Espíritu Santo" ante sus discípulos. De acuerdo con su anuncio, cincuenta días después de su muerte en la cruz y después de su ascensión posterior a su resurrección, el Espíritu Santo vino al mundo.

El Espíritu Santo de Pentecostés

En el día de Pentecostés el Espíritu Santo descendió sobre ciento veinte discípulos, reunidos en el aposento alto de la casa de Marcos, mientras oraban juntos. Este mismo Espíritu Santo está entre los creyentes en el día de hoy y sigue haciendo su obra.

Entonces, ¿cómo descendió el Espíritu Santo de Pentecostés sobre los discípulos?

Como un viento

Está escrito: "Y de repente vino del cielo un estruendo como de un viento recio soplaba, el cual llenó toda la casa donde estaban sentados" (Hechos 2:2).

Hay una razón para que el Espíritu Santo se compare con un viento.

En primer lugar, cuando el Espíritu Santo sopla a través de nosotros, todas la suciedad sale volando. Un viento fuerte disipa la contaminación, como cuando se limpia el aire. Cuando sopla un viento fuerte por una ciudad llena de aire contaminado, este se elimina y deja aire fresco en su lugar. De una manera similar, cuando el Espíritu Santo sopla sobre nosotros, todas las cosas que Satanás corrompió en nosotros Él las arrasa. El diablo y sus ejércitos tratan de llenar el alma y el corazón de corrupción e inmundicia, pero el viento del Espíritu Santo los dispersa. En otras palabras, por la obra del Espíritu Santo se desarraigan de nuestro corazón el odio, la envidia, los celos, la ira, la lascivia, el ocio, el robo y otras vilezas similares.

En segundo lugar, cuando el Espíritu Santo sopla a través de nosotros como el viento, el corazón se refresca. En cuanto a los que disfrutan la plenitud del Espíritu Santo, ya no tienen preocupaciones, problemas, tristezas, dolor, sufrimientos en el corazón. En cambio, debido a que no tienen otra cosa que felicidad y paz, el gozo desborda el corazón. Ese gozo vence todas las situaciones difíciles y nos ayuda a llevar el fruto de amor, gozo, paz, paciencia, benignidad, bondad, fe, mansedumbre y templanza (Gálatas 5:22-23).

En tercer lugar, como el viento es en esencia movimiento, el Espíritu Santo es activo. No hay viento donde no hay movimiento del aire. El viento por su naturaleza es el aire en movimiento. En forma similar, donde sopla el viento del Espíritu Santo podemos observar gran movimiento y actividad. Cuando el Espíritu Santo sopla a través de nosotros, somos llevados a predicar el evangelio desde Jerusalén a Judea, de Judea a Samaria, y de Samaria hasta lo último de la tierra. Cuando el Espíritu Santo sopla a través de la iglesia o de una persona, podemos ver que de su interior surge un gran movimiento. Una iglesia quieta es una señal de que no hay movimiento del Espíritu Santo. No hay señal de la obra del Espíritu Santo en esa iglesia, porque el Espíritu Santo no está allí.

Como fuego

"Y se les aparecieron lenguas repartidas, como de fuego, asentándose sobre cada uno de ellos" (Hechos 2:3).

Hay una razón para que el Espíritu Santo se manifieste como fuego.

En primer lugar, el Espíritu Santo descendió como fuego para quemar todo pecado y duda que no hayamos podido limpiar. No importa cuánto empeño pongamos, no podemos limpiarnos a nosotros mismos. Solo cuando el fuego ardiente del Espíritu Santo entra en nosotros se puede romper nuestra relación con el mundo.

En segundo lugar, el Espíritu Santo descendió como fuego para arrojar una luz resplandeciente desde el cielo. El fuego disipa las tinieblas y hace que las cosas brillen. Antes de tener la luz, vivíamos en este mundo oscuro y triste sin el conocimiento celestial. Pero, con la venida del Espíritu Santo, nuestro corazón sumido en las tinieblas del pecado, se iluminó. Con la venida del Espíritu Santo portador de luz, nuestro corazón, que antes cubrían las tinieblas del pecado, se ha iluminado y ahora podemos mirar y entender la verdad del cielo.

En tercer lugar, el Espíritu Santo descendió como fuego para que ardan el corazón y los deseos. Por lo tanto, tenemos que llenarnos del Espíritu Santo para que nuestra fe llegue a ser ardiente. Cuando el Espíritu Santo mora en nosotros, solo entonces podemos orar con fervor, adorar a Dios con reverencia y sinceridad, y nos convertimos en testigos fervientes del Señor Jesucristo.

En cuarto lugar, el Espíritu Santo desciende como fuego para darnos una fe poderosa. Cuando el Espíritu Santo mora en nosotros, ya no somos creyentes sin poder. Nos convertimos en cristianos rebosantes de poder y capacidad.

Manifestación del Espíritu Santo

"Y todos fueron llenos del Espíritu Santo, y comenzaron a hablar en otras leguas, según el Espíritu les daba que hablasen" (Hechos 2:4).

"Hablar en otras lenguas" en este pasaje se refiere al estado de glorificar a Dios y a la predicación del evangelio del reino de Dios por todo el mundo por el poder del Espíritu Santo. A veces cometemos el error de pensar que el hablar en lenguas y la capacidad de ser un testigo dinámico de Cristo brotan de nuestro ser y no se atribuye a que estamos llenos del Espíritu Santo. Debemos comprender que estas dos cosas son posibles solo por medio del Espíritu Santo. No tenemos el control de hablar en lenguas. El Espíritu Santo es el que habla a través de nuestra boca. Es por eso que alguien que no tiene el don de hablar bien frente a otros a veces puede llegar a ser un elocuente y poderoso orador cuando el Espíritu Santo lo llena.

Esto ocurrió cuando era estudiante de teología. Había allí una estudiante que era tan calladita y tímida, que no se atrevía a levantar los ojos. Sin embargo, cuando estaba llena del Espíritu Santo, se producía en ella un gran cambio. Esa señorita tímida nos acompañó en una cruzada que realizábamos en las afueras de la ciudad. Cuando llegamos al lugar designado, un parque, para sorpresa de todos, aquella muchacha tímida comenzó a dar testimonio del evangelio con sonora voz que se podía oír a través de todo el parque. Mucha gente oyó su predicación y quedó conmovida con sus palabras. Verdaderamente era una transformación.

Como en este caso, el Espíritu Santo toma el control de nuestro corazón y de nuestra boca para que una persona que no puede hablar bien se convierta en alguien que presente con eficacia y poder el mensaje de Cristo.

Además, "hablar en lenguas" lleva implícito el deseo de Dios: que prediquemos el evangelio en toda lengua a todos los pueblos de la tierra. El Espíritu Santo es un Espíritu de evangelización. Cuando estamos llenos del Espíritu de evangelización, el Espíritu

Santo, no solo tenemos como resultado la conversión de nuestro vecino, sino del mundo.

El Espíritu Santo sopla a través de nosotros para limpiarnos de todos los pecados que contaminan el corazón y nos infunde una fe ardiente. Luego nos usa como poderosos testigos para predicar el evangelio a través de todo el mundo.

Oh Dios inmutable en el tiempo, te damos gracias por enviarnos el fuego y el viento del Espíritu Santo para recibir purificación, para tener una fe ardiente y para tener aceptación como siervos tuyos. Ayúdanos a vivir conforme a tu voluntad, a medida que el Espíritu Santo nos llena y nos guía. En el nombre de Cristo. Amén.

Beneficios de estar llenos del Espíritu Santo

Antes de morir, Jesucristo hizo una promesa a sus discípulos acerca del bautismo del Espíritu Santo. Además, después de su resurrección, se les apareció a sus discípulos que estaban escondidos y les exhortó a que recibieran el Espíritu Santo. Cuando Jesucristo ascendió al cielo, le dijo a sus seguidores "que no se fueran de Jerusalén, sino que esperasen la promesa del Padre, la cual, les dijo, oísteis de mí. Porque Juan ciertamente bautizó con agua, mas vosotros seréis bautizados con el Espíritu Santo dentro de no muchos días" (Hechos 1:4-5).

Obedeciendo las órdenes de Jesucristo, los discípulos se reunieron en Jerusalén y oraban con fervor. Mientras lo hacían, experimentaron la venida del Espíritu Santo el día de Pentecostés, como

Jesucristo lo prometió. A partir de ese día, el Espíritu Santo mora entre los que creen en Cristo y continúa su obra.

Entonces, ¿qué beneficios recibimos cuando estamos llenos del Espíritu Santo?

Paz y entusiasmo, profunda comunión

Después de la ascensión de Cristo, ciento veinte de sus discípulos se reunieron en el aposento alto y oraron con fervor. Oraron juntos durante diez días hasta el Pentecostés. El mismo día de Pentecostés experimentaron la presencia del Espíritu Santo que vino como viento y fuego, y cada persona comenzó a hablar en lenguas.

Aunque muchas personas confiesan que creen en Jesucristo, viven con sentimiento de culpa, con temor y preocupación, con ansiedad e incertidumbre, desesperación e incredulidad en el corazón. Sin embargo, cuando el Espíritu Santo de Pentecostés desciende sobre ellos, todas estas cosas desaparecen de inmediato y la persona se llena de una maravillosa paz. Esto se debe a que el Espíritu Santo es el viento de vida y la santidad que quita el pecado, la injusticia y la inmundicia.

Al Espíritu Santo de Pentecostés también se le simboliza con el fuego. Como el fuego tiene la característica de consumir la materia, el fuego del Espíritu Santo quema todo lo inmundo y vil que hay en el hombre. En su lugar, el Espíritu Santo enciende y aviva en nuestro corazón la llama de la fe, la esperanza y el amor. El fuego simboliza el entusiasmo y la diligencia. La persona llena del Espíritu Santo vive su fe con entusiasmo y diligencia.

Cuando el Espíritu Santo de Pentecostés vino al mundo, los seguidores de Cristo comenzaron a hablar en lenguas según el Él les daba que hablasen. En comparación con "las oraciones regulares", hablar en lenguas es una oración en un nivel de comunicación mucho más profundo con Dios. Permite que oremos mucho más largamente que de otra manera. Más aun, para tener una comunión más profunda con Dios, tenemos que orar continuamente.

De esta manera, la plenitud del Espíritu Santo nos da paz y entusiasmo, y nos permite tener una relación profunda con Dios.

Un cristiano poderoso

Entre los diáconos de la iglesia primitiva había uno que estaba lleno del Espíritu Santo: Felipe, quien descendió a Samaria para predicar el evangelio de Jesucristo. Cuando llegó, hubo grandes milagros en Samaria. La Biblia lo narra: "De muchos que tenían espíritus inmundos salían estos dando voces; y muchos paralíticos y cojos eran sanados; así que había gran gozo en aquella ciudad" (Hechos 8:7-8). Dondequiera que se predicaba el evangelio se expulsaban los malos espíritus y se sanaban los enfermos.

A pesar de todas las obras de Felipe y los milagros del Espíritu Santo, no había una sola persona que hubiera recibido el Espíritu Santo y estuviera llena de Él.

Los discípulos en Jerusalén tuvieron noticias de que el evangelio había llegado a Samaria. Al oír la noticia, la iglesia de Jerusalén decidió enviar a Pedro y a Juan (Hechos 8:18-19). Cuando Pedro y Juan vieron que a Samaria no había llegado el Espíritu Santo, decidieron orar por esto.

Como resultado, los samaritanos recibieron y fueron llenos del Espíritu Santo.

Tampoco nosotros debemos contentarnos solo con la predicación del evangelio, ni con ver que se realizan milagros. Más bien debemos orar con fervor para tener la plenitud del Espíritu Santo. A fin de ser creyentes más poderosos y glorificar a Dios con lo que hacemos, también tenemos que orar para tener la plenitud del Espíritu Santo como Pedro y Juan en Samaria.

La clave para resolver problemas

Entre las muchas iglesias primitivas, la iglesia de Antioquía era la más grande. Esta iglesia logró alcanzar tanta grandeza debido a una íntima y rigurosa comunicación con el Espíritu Santo. Para mantener una estrecha comunicación con el Espíritu Santo, los miembros de la iglesia de Antioquía ayunaban y oraban continuamente. Como resultado, esta iglesia recibió el poder y la capacidad de ser poderosa en su testimonio por el evangelio de Cristo.

En la actualidad, muchos creyentes no son capaces de experimentar el gran poder del Espíritu Santo porque no dependen completamente de Dios, sino de sí mismos. Están llenos de dudas tales como: "¿Qué comeremos? ¿Qué vestiremos? ¿Qué beberemos?" Cuando en primer lugar confiamos por completo en Dios y, mediante el ayuno y la oración buscamos el reino de Dios y su justicia, recibiremos la gran sabiduría, inteligencia y poder del Espíritu Santo.

Dondequiera que predico y difundo el evangelio, siempre hago énfasis en la importancia de reconocer, recibir, aceptar y confiar en el Espíritu Santo. Lo hago porque a menudo cuando oro con la ayuda del Espíritu Santo, tengo la experiencia de la sabiduría, intelecto y juicio que empapa mi mente y mis pensamientos de la manera que el rocío matinal suavemente empapa la hierba. También a veces me siento atribulado por algunas cosas durante mi ministerio o cruzada. Sin embargo, cuando me arrodillo delante de nuestro Señor Jesucristo y oro, siento que el Espíritu Santo me ayuda a encontrar la solución a los problemas y a quitar todas las preocupaciones y temores.

Así, al reverenciar a Dios y orar a Él mientras ayunamos, no solo recibimos la experiencia del gran poder del Espíritu Santo, sino que recibimos su dirección en todos los aspectos de la vida y nos brinda la solución a todos nuestros problemas.

Par llevar el hermoso fruto de la fe, primero tenemos que llenarnos del Espíritu Santo. Cuando estamos llenos del Espíritu Santo, tendremos paz y diligencia como la del fuego, y a medida que se profundiza nuestra comunión con Dios, tendremos una vida de fe con éxito.

Oh bendito Señor que nos salvaste, somos
seres débiles y sin poder. Sin el poder de tu
Espíritu Santo no podemos tenernos en pie ni
andar con rectitud. Bendícenos con la

plenitud del Espíritu Santo para tener una
vida con éxito de fe, según tu voluntad, como
poderosos y entusiastas creyentes con paz
eterna en nuestro corazón.
En el nombre de Cristo. Amén.

Cómo llenarnos del Espíritu Santo

Mucha gente piensa erróneamente que renacer en Cristo es lo mismo que tener la plenitud del Espíritu Santo. Sin embargo, hay una clara diferencia entre ambas cosas. "Renacer" significa nacer de nuevo como hijos de Dios cuando aceptamos a Jesucristo como nuestro Salvador. Por cierto, en el momento de nuestra confesión de fe, el Espíritu Santo es el que entra en nuestro corazón y hace posible el arrepentimiento.

"Por tanto, os hago saber que nadie que hable por el Espíritu de Dios, llama anatema a Jesús; y nadie puede llamar a Jesús Señor, sino por el Espíritu Santo" (1 Corintios 12:3).

Si una persona entiende o no esto, la confesión de que Cristo es su Salvador no depende del yo de la persona, sino del Espíritu Santo.

"La plenitud del Espíritu" se refiere a todo nuestro ser. Estar llenos y bajo el control del Espíritu Santo después de haber nacido de nuevo. Además, es un hecho que una vez que la persona ha nacido de nuevo, si posteriormente tiene la plenitud del Espíritu Santo no es algo que afecte a su salvación. Sin embargo, si la persona no está llena del Espíritu Santo, su fe no tiene firmeza ni poder.

Jesús dice: "Pero recibiréis poder, cuando haya venido sobre vosotros el Espíritu Santo, y me seréis testigos en Jerusalén, en toda Judea, en Samaria, y hasta lo último de la tierra" (Hechos 1:8).

En este pasaje, la palabra "poder" en griego es *dunamis*, de donde procede la palabra castellana "dinamita". En otras palabras, cuando el Espíritu Santo nos llena, recibimos un poder comparable a la fuerza de la dinamita.

Los seguidores que recibieron la plenitud del Espíritu el día de Pentecostés se transformaron por completo y salieron a las calles como impulsados por un gran resorte. El cobarde se transformó en valiente, el débil en poderoso, el tartamudo en elocuente. Mientras estos discípulos testificaban del evangelio hubo mucha conmoción en las calles de Jerusalén. Las oraciones de los discípulos tuvieron el efecto de la dinamita. Su predicación era como bomba de alto poder. La oración y la predicación trabajaron al unísono para producir el efecto de traer tres mil personas al Señor cuando se arrepintieron y recibieron a Cristo como su Salvador.

Si los discípulos de Cristo no hubieran estado llenos del Espíritu Santo, el cristianismo no hubiera sobrevivido en el mundo y hubiera desaparecido. Pero, puesto que descendió el Espíritu Santo sobre todos los seguidores, sus oraciones y predicaciones fueron poderosas como la dinamita, y el evangelio del cristianismo se difundió por todo el mundo.

De esta manera, ser llenos del Espíritu Santo es recibir el poder de Dios, y para los que desean ser siervos de Cristo, o los que ya lo son, ser llenos del Espíritu Santo es una necesidad absoluta para recibir el poder necesario para trabajar para Cristo.

Entonces, ¿qué debemos hacer para recibir la plenitud del Espíritu Santo?

La voluntad de Dios

Hay muchos cristianos que piensan: "¿Cómo puedo recibir la plenitud del Espíritu Santo?" "¿No era el Espíritu solo para quienes vivieron hace mucho tiempo en el período de la iglesia primitiva?" Para estas preguntas podemos hallar las respuestas en la Biblia.

"Arrepentíos y bautícese cada uno de vosotros en el nombre de Jesucristo, para perdón de los pecados; y recibiréis el don del Espíritu Santo. Porque para vosotros es la promesa, y para vuestros hijos, y para todos los que están lejos, para cuantos el Señor nuestro Dios llamare" (Hechos 2:38-39).

En este pasaje "vosotros" se refiere al pueblo judío, "vuestros hijos", a los descendientes de los judíos; "los que están lejos" se refiere a todos los que no son judíos. En otras palabras, no solo los judíos, sino todos los pueblos pueden ser y serán llenos del Espíritu Santo. El Espíritu Santo desciende sobre los que creen en Jesucristo, por los que Dios ha llamado. Siempre que estas dos condiciones coincidan, no importa la nacionalidad ni la raza, cualquiera puede llenarse del Espíritu Santo.

Por lo tanto, tenemos que retener con firmeza esta promesa y confiar en ella. Si lo hacemos, una santa fe, no de este mundo sino de Dios, comenzará a crecer en nosotros y tendremos la base sobre la que el Espíritu Santo hace su obra. La voluntad de Dios es que seamos llenos del Espíritu Santo de esta manera.

Deseo ardiente

Cuando nos damos cuenta y comprendemos cuán beneficioso es recibir la plenitud del Espíritu Santo, el deseo de tenerlo comienza a arder naturalmente en nosotros.

En la actualidad, quienes viven sin la plenitud del Espíritu Santo no tienen gozo ni paz en su corazón. Tienen dificultades para orar, su testimonio es ineficaz y, por mucho que lo deseen, la Palabra de Dios no es dulce a sus oídos. A veces van tan lejos como para pensar que creer en Cristo es algo difícil.

Sin embargo, cuando están llenos del Espíritu Santo, de su corazón comienza a fluir una paz infinita. Sus oraciones, su testimonio y sus palabras comienzan a tener el poder de Dios. Además, se les dota de poder suficiente para vencerse a sí mismos y al mundo y al diablo, y pueden tener una vida victoriosa.

Necesité dos años para recibir la plenitud del Espíritu Santo. Cuando comencé a orar por el Espíritu Santo, realmente no tenía el ardiente deseo en mi corazón. Así, cuando mi oración quedaba sin respuesta, pronto me daba por vencido y me decía: "Ya tendré otra oportunidad en el futuro."

Fue solo en el segundo año de mis estudios teológicos que tuve la experiencia de la plenitud del Espíritu Santo. Por ese tiempo, sabía por lo menos intelectualmente los beneficios de ser lleno del Espíritu Santo. Otros estudiantes y yo subimos a una montaña a orar por el Espíritu Santo con corazón anhelante. Comencé a orar con la gran determinación de no bajar hasta que estuviera lleno del Espíritu Santo. Para gran sorpresa mía, antes de cinco minutos de estar orando con esa determinación, recibí la plenitud del Espíritu Santo.

Para ser lleno del Espíritu Santo, usted tiene que orar con un deseo ardiente en el corazón y con una firme determinación en su mente.

Disposición del corazón: Arrepentimiento

Para recibir el Espíritu Santo, primero tenemos que arrepentirnos de nuestros pecados. Nos tenemos que arrepentir de la desobediencia y la negligencia.

Después de vivir muchos años en desobediencia a la voluntad de Dios, nuestro corazón se ha endurecido. Debemos buscar la ayuda de Dios para quebrantar nuestro endurecido corazón y arrepentirnos de nuestra desobediencia a Dios. Luego, tenemos que arrepentirnos ante Dios de todos los pecados cometidos desde la niñez hasta ahora y tenemos que orar fervientemente pidiendo la limpieza por la sangre de Jesucristo.

Además, tenemos que arrepentirnos del pecado de la pereza y de la falta de preocupación por la salvación de otras almas, obra de la cual Dios está más preocupado, a pesar de que somos salvos y hemos sido hechos hijos de Dios. También tenemos que arrepentirnos de nuestros deseos carnales, de no participar en los cultos con diligencia y de no consagrarnos a la obra de Dios en lo que se refiere a tiempo y posesiones.

Oración de completa devoción

Par recibir y ser llenos del Espíritu Santo, tenemos que dedicarnos por completo, en cuerpo y alma, a su causa.

"Oh Espíritu Santo, me doy del todo a ti. Ven y ocúpame completamente." Después de esta oración, tenemos que orar: "Oh Señor Dios, gracias por concederme el Espíritu Santo."

Jesucristo dice: "Pues si vosotros, siendo malos, sabéis dar buenas dádivas a vuestros hijos, ¿cuánto más vuestro Padre celestial dará el Espíritu Santo a los que se lo pidan?" (Lucas 11:13).

También Efesios 3:20 dice: "A aquel que es poderoso para hacer todas las cosas mucho más abundantemente de lo que pedimos o entendemos, según el poder que actúa en nosotros." Cuando buscamos el Espíritu Santo en oración a Dios, Dios nos bendice y nos llena con el Espíritu Santo.

Sin embargo, solo hay una señal de que el Espíritu Santo nos ha llenado.

Diferentes personas tienen diversas señales de la plenitud del Espíritu Santo. Algunos sienten que les tiembla el cuerpo; otros sienten que el cuerpo les arde. Hay quienes no sienten ninguna de esas señales del Espíritu Santo. Sin embargo, hay algo único que todos tienen. Cuando están llenos del Espíritu Santo, empieza a fluir de su corazón una paz y un gozo que solo Dios puede dar. Además, sus oraciones comienzan a ser cada vez más poderosas, hasta que, guiados por el Espíritu Santo, empiezan a hablar en lenguas. Es necesario nacer de nuevo una sola vez, pero ser llenos del Espíritu Santo una vez no significa que somos llenos del Espíritu Santo para siempre.

Tenemos que agradar a Dios con una vida de oración a Dios y estudio de la Biblia para ser llenos del Espíritu Santo cada día.

Siempre tenemos que ser llenos del Espíritu Santo y que poner nuestros mejores esfuerzos en producir el fruto del Espíritu Santo. Cuando así lo hacemos, podemos ser siervos de Cristo y Dios nos puede usar.

Oh Señor, lleno de gracia y misericordia, te damos gracias por ayudarnos a entender que tu voluntad es que seamos llenos del Espíritu Santo. Ayúdanos a no quedarnos en este conocimiento, sino a sentir el deseo ardiente del Espíritu Santo al arrepentirnos y orar por Él. En el nombre de Cristo. Amén.

Cuatro pasos para llenarnos del Espíritu Santo

En la época del Antiguo Testamento hubo un profeta llamado Elías. Lleno del Espíritu Santo, Elías pudo hacer muchas obras y milagros en el nombre de Dios. Una vez salvó a Israel que estaba al borde del desastre y la completa aniquilación. Además, fue una de las muy pocas personas que ascendió al cielo sin morir primero. El camino y la obra de Elías previa a su ascensión al cielo nos enseñan algunas importantes lecciones para hoy.

Dios había planificado con antelación la ascensión de Elías. Para culminar el propósito divino, Dios llevó a Elías desde Gilgal a través de Bet-el y Jericó, para llegar finalmente al Jordán. Durante este viaje, el discípulo de Elías, Eliseo, no quiso apartarse de él. Estuvo a su lado durante todo el viaje. Elías le dijo a Eliseo: "Pide lo que quieras que haga por ti, antes que yo sea quitado de ti." Eliseo respondió: "Te ruego que una doble porción de tu Espíritu sea sobre mí" (2 Reyes 2:9).

Al final Eliseo fue lleno del Espíritu como lo había deseado, continuó la obra de Elías y fue un profeta que tuvo el crédito de salvar a Israel. Al observar las penurias y actitudes de Eliseo al seguir a Elías, podemos aprender los pasos que debemos dar en nuestra vida de fe para llenarnos del Espíritu Santo y tener la experiencia de las maravillas y la bendición del poder de Dios.

Primer paso: "Fe como en Gilgal"

El viaje de Eliseo, tras Elías, comenzó en Gilgal. En los días siguientes, Gilgal sería el sitio en que Eliseo en forma milagrosa purificaría un guiso envenenado a fin de que cien de sus seguidores se sustentaran al comerlo (2 Reyes 4:38-44). Gilgal fue el lugar en que se manifestó uno de los milagros de Dios. "Fe como en Gilgal" es tener fe en los milagros de Dios. Fe que nos permite experimentar los milagros de Dios. Fe que nos permite participar de los milagros de Dios.

En la actualidad, para ser llenos del Espíritu Santo tenemos que creer en Dios que hizo y puede realizar milagros. Algunos dicen:

"Los milagros de la Biblia son solo mitos. La Biblia solo es un libro, una novela escrita por hombres. No podemos darle crédito a la Biblia sino en su valor cultural, filosófico y ético." Lo que es peor es que hay muchos pastores y líderes espirituales que creyendo esto, establecen iglesias humanistas centradas en el hombre y siembran la semilla de estos peligrosos conceptos en su congregación. Esto no es conforme a la voluntad de Dios. Dios desea que cada uno de nosotros tenga "fe como en Gilgal."

"Fe como en Gilgal" se refiere a la fe que cree la Biblia tal como está escrita. Los milagros de la Biblia ocurrieron tal como está escrito en ella y pueden sucedernos a nosotros hoy día. Debemos tener la fe que cree completamente en los milagros de la Biblia, así como en las promesas que Dios puso en ella, una "fe como en Gilgal."

Cuando apartamos los oídos de quienes predican e insisten en una naturaleza humanista o antropocéntrica del cristianismo, y nuestra fe es como la de Gilgal y creemos firmemente en los milagros, hemos dado el primer paso para experimentar la plenitud del Espíritu Santo.

Segundo paso: "Fe como en Bet-el"

Cuando iban saliendo de Gilgal, Elías dijo a Eliseo: "Quédate ahora aquí, porque Jehová me ha enviado a Bet-el" (2 Reyes 2:2). Eliseo juró que no se apartaría de Elías hasta el fin. Por último, Eliseo acompañó a Elías a Bet-el.

Para recibir el poder del Espíritu Santo, no debemos quedarnos en Gilgal, sino debemos continuar la segunda parte de nuestro viaje hacia Bet-el. El nombre Bet-el significa "casa de Dios". Cuando escudriñamos la Biblia, podemos ver un profundo significado relacionado con Bet-el.

Bet-el es el mismo lugar en el que Abraham, después de salir de la casa de su padre y de su tierra, entró en Canaán y edificó el primer altar a Dios. Además, Bet-el fue donde Jacob edificó un altar a Dios después de la visión que tuvo mientras dormía. Así, Bet-el fue el lugar en que los hijos de Dios edificaban altar para Él y hacían pacto con el Señor.

Entonces, ¿qué es "Bet-el" para nosotros en la actualidad?

Para nosotros hoy, Bet-el es un lugar al pie de la cruz de nuestro Salvador en el Calvario. Porque reconozcamos y entendamos el gran poder de Dios no significa que sentiremos ese poder. Tendremos el gran poder de Dios por medio del Espíritu Santo cuando lleguemos ante el altar edificado sobre la sangre de Jesucristo y construyamos nuestros altares sobre ese altar. Quienes reconocen y creen en el poder y los milagros de Dios, pero no logran llegar a la iglesia a adorar al Señor, se han quedado atrás, "en Gilgal", y no han logrado dar su segundo paso de fe, "como en Bet-el".

Tenemos que llegar ante la cruz de Cristo y reconciliarnos con nuestro Señor Dios por medio de la sangre de Cristo, y luego tenemos que ir a la iglesia y levantar nuestros altares para Jehová Dios. No solo eso, tenemos que seguir edificando nuestros altares en la vida diaria cuando estamos lejos de la iglesia. Cuando la fe alcanza ese estado, y tiene el deseo y actúa sobre el deseo de edificar un altar al Señor, podemos decir que hemos alcanzado la fe de Bet-el. Al alcanzar la fe de "Bet-el" damos un paso más para recibir el poder del Espíritu Santo.

Tercer paso: "Fe como en Jericó"

Elías le dijo a Eliseo otra vez: "Eliseo, quédate aquí ahora, porque Jehová me ha enviado a Jericó" (2 Reyes 2:4). Con estas palabra le ordena a Eliseo que se quede en Bet-el. Nuevamente Eliseo se negó y juró que seguiría tras Elías.

De la misma manera, en gran medida, si queremos recibir y tener el poder el Espíritu Santo, tenemos que dar un paso más hacia la fe que es como en "Jericó".

Jericó era la primera ciudad que se interponía en el camino de los israelitas para tomar Canaán. Para que los israelitas tomaran posesión de Canaán, la tierra que fluye leche y miel, y vivieran allí, dependían de su capacidad de conquistar la gran ciudad de Jericó. Para ello, los israelitas obedecieron la orden de Dios de marchar alrededor de la ciudad una vez al día. El séptimo día, marcharon alrededor de la ciudad siete veces y comenzaron a gritar a gran voz. Entonces la mano de Dios se mostró desde el cielo y destruyó la gran ciudad de Jericó. Como resultado, los israelitas pudieron conquistar esta ciudad.

"Fe como en Jericó" se refiere a la fe que nos ayuda para obtener la victoria contra nuestros enemigos. Entonces, ¿quién o cuáles son nuestros enemigos de hoy que tratan de evitar que nuestra fe crezca?

Los enemigos que tratan de evitar el crecimiento de nuestra fe son la tentación y las penurias. Si no podemos vencerlos, nuestro Jericó de las tentaciones y penurias, no obtendremos el gran poder de Dios. Para tener la victoria sobre las tentaciones y las penurias tenemos que protegernos con la Palabra de Dios y con nuestras oraciones como nuestras armas de lucha. Cuando salimos a la batalla valientemente armados con la Palabra y las oraciones a Dios, se destruirán los obstáculos como Jericó que se nos ponen por delante y entraremos a un mundo de una relación más profunda con Dios.

Cuarto paso: "Fe como en el Jordán"

Elías dijo a Eliseo en Jericó: "Te ruego que te quedes aquí, porque Jehová me ha enviado al Jordán" (2 Reyes 2:6). Sin embargo, Eliseo rogó a Elías que lo dejara acompañar hasta el final del viaje. Elías no pudo rechazar el ruego de Eliseo y viajaron juntos hasta el Jordán.

El río Jordán es una barrera natural que servía como frontera para Canaán. Los israelitas, después de la liberación de Egipto, recibieron el juicio de Dios y se les negó entrar en Canaán debido a su pecado de desobediencia. Como resultado, todos los israelitas que salieron de Egipto murieron en el desierto. Los que Dios permitió que cruzaran el Jordán para entrar en la tierra de Canaán fueron Josué y Caleb, que obedecieron a Dios, y los hijos de los israelitas. En cuanto a los que cruzaron el Jordán y entraron en

Canaán, fueron nuevas criaturas y de su corazón se desarraigaron todos los pecados de desobediencia del pasado.

La "fe como en el Jordán" es la fe que nos ayuda a abandonar completamente nuestra propia voluntad y nuestros deseos para entregarnos por entero a la voluntad y el deseo de nuestro Señor Dios. Es como sepultar la voluntad y volver a empezar como hombres nuevos que viven según la voluntad de Dios. En otras palabras, la "fe como en el Jordán" se refiere al abandono de la fe antropocéntrica, humanista, y a la plena aceptación de una fe teocéntrica.

En cuanto a Eliseo, que con muchas penurias y tribulaciones finalmente pasó el Jordán, le aguardaba una gran recompensa. Recibió mucho más poder y bendiciones que lo transformó en un profeta poderosísimo. Asimismo, cuando vivimos con Dios en el centro de nuestro ser y obedecemos por completo su Palabra, recibiremos la plenitud del Espíritu Santo y seremos creyentes poderosos.

Si nuestra fe crece más allá de sus comienzos, que es creer en los milagros de Dios, y sigue para tener en nuestra vida a Dios como centro de nuestro ser, el Espíritu Santo nos llenará y nos convertiremos en cristianos poderosos.

*Oh Dios santo y glorioso, nuestro corazón
está lleno del deseo de tener la plenitud del
Espíritu Santo para que nuestra fe siga
creciendo en Jesucristo. Llévanos desde
Gilgal, a través de Bet-el y Jericó hasta el
Jordán, de manera que con el poder del
Espíritu Santo, podamos ser siervos llenos de
poder y te glorifiquemos.
En el nombre de Jesucristo. Amén.*

12

Vida de obediencia al Espíritu Santo

*E*n medio del gran caos y confusión que llenaban el vacío, el Espíritu de Dios, el Espíritu Santo, se movía sobre el vacío y comenzó el gran milagro de la creación (Génesis 1).

También el Espíritu Santo vino al mundo el día de Pentecostés, después de la resurrección y ascensión de Cristo al cielo, y continúa haciendo su gran obra entre los creyentes en la actualidad a través de la Iglesia, obra que no es diferente al milagro de la creación.

Cuando el Espíritu Santo está presente

Entonces, ¿qué obra hace el Espíritu Santo a favor nuestro que somos parte de la Iglesia que es el cuerpo de Cristo?

La obra del Espíritu Santo (primera parte)

Una terrible y temible pobreza de alma y cuerpo vino a morar junto al hombre después que Adán y Eva cayeron de su lugar cerca de Dios. El hombre caído se convirtió en un ser cuya alma había muerto. Ya no sabía de dónde vino, ni por qué vivía, ni hacia dónde iba. En este estado de desesperación e ignorancia vivió vagando de uno a otro lugar en este mundo. Con esto se cortó la línea de comunicación con Dios y se le llenó el corazón de vacío y confusión. Además, este mundo recibió la condenación y en vez de producir solo lo que es de provecho para el hombre, produjo también espinas y cardos. A fin de recibir su sostén de la tierra condenada, el hombre tuvo que ganarse la vida con el sudor de la frente, situación trágica si se compara con su condición previa a su caída.

Sin embargo, cuando creemos en Jesucristo y el Espíritu Santo mora en nosotros, todo esto cambia. En otras palabras, cuando el Espíritu Santo de Génesis mora en los que vivimos con pobreza de alma, cuerpo y medio, Dios derrama su bendición y desarraiga esa pobreza. El Espíritu Santo no solo enriquece la vida personal, sino también obra sus milagros para enriquecer la familia, la sociedad y la nación.

Además, el Espíritu Santo es el Espíritu de libertad. Nuestro enemigo el diablo y sus milicias tratan de robar, matar, condenar y tener prisionera nuestra alma. El Espíritu Santo desata y destruye el lazo del diablo y nos da la libertad. Donde mora el Espíritu Santo hay libertad.

En la actualidad hay muchas personas prisioneras de Satanás. La mayor tragedia es que no hay una sola que pueda escapar de esta prisión por sus propios medios. Satanás lleva a sus prisioneros a separarse de Dios y les enseña a vivir según sus deseos carnales, a codiciar el orgullo y la fama mundana, que finalmente los conducen a la condenación eterna. Sin embargo, cuando el Espíritu Santo hace su obra en el interior de las personas, todas las cadenas que Satanás usa para atarlas se destruirán al instante.

En la Biblia está escrito: "Porque el Señor es el Espíritu; y donde está el Espíritu del Señor, allí hay libertad" (2 Corintios 3:17).

Tenemos que estar siempre llenos del Espíritu Santo. Cuando vivimos con el Espíritu Santo en nosotros, leemos la Palabra de Dios y oramos todos los días, el Espíritu Santo nos concede la libertad de la autoridad y el poder de Satanás.

La obra del Espíritu Santo (segunda parte)

Antes que Adán pecara contra Dios, su cuerpo y su espíritu estaban a la disposición de Dios y podía comunicarse y tener comunión con Él cara a cara. Sin embargo, después de la caída de la gracia de Dios, a causa del pecado y de la muerte de su alma, quedó separado de Dios. Todos los descendientes de Adán heredaron esta muerte y nacieron a este mundo con su espíritu muerto.

Nacida con el espíritu muerto, la humanidad no podía ver ni conocer el mundo espiritual. Solo podía ver el mundo físico, el mundo material. De modo que el hombre se convirtió en un ser materialista, ciego respecto al mundo espiritual. Ha habido extremistas como los ateos que dicen: "No hay Dios." Insisten en que no hay Dios ni cielo. Creen que solo existe la vida en esta tierra para que el hombre anhele y se dedique por completo a tratar de gozar de su vida mientras esté en este mundo. No tienen absolutamente ningún conocimiento del sentido de la vida.

Es sorprendente, pero incluso gente como la descrita puede tener cambios asombrosos cuando el Espíritu Santo desciende sobre ella. El Espíritu Santo da aliento de vida a su espíritu mediante el evangelio de Jesucristo y le abre los ojos espirituales. Quienes tienen abiertos los ojos espirituales logran comprender que Dios es un Dios vivo y que Jesucristo es nuestro Salvador. Dejan de vagar de un lado para el otro para vivir con el deseo de ser testigos del evangelio de Jesucristo durante su vida y anhelan y esperan un nuevo mundo, la nueva Jerusalén

También el Espíritu Santo libera a estas personas de sus cargas. Vivir alejados de Dios significa tener una vida de esclavitud, una vida cargada. Solo en Dios se puede hallar la verdadera libertad. El Espíritu Santo nos libera de la carga de nuestros pecados, del sentimiento de culpa por haber cometido pecados y de la angustia mental y emocional. Además, nos cura de todos los males, emocionales y físicos, y nos llena de la verdadera paz que sobrepasa todo entendimiento.

La obra del Espíritu Santo (tercera parte)

El año bendito era el nombre con que se referían al año de jubileo. Dios mandó a los israelitas que celebraran el año de jubileo, el año bendito. El año de jubileo se celebraba cada cincuenta años, luego de siete años sabáticos, los cuales venían cada siete años. Cuando llegaba el jubileo, era un año bendito en que todos los que habían vendido sus tierras o su ganado debido a algunas penurias recuperaban sus posesiones y los que se habían vendido como esclavos recobraban su libertad. Cuando suena la trompeta del jubileo, convierte la tristeza en gozo, la desesperación en esperanza.

Jesucristo vino a este mundo para anunciar el muy feliz año del jubileo. Después que Jesús murió en la cruz para redimir la humanidad y ascendió a los cielos, vino el Espíritu Santo al mundo para anunciar el principio del año de jubileo. Hasta ahora, el Espíritu Santo sigue dando el mismo anuncio. Debido a esto recibimos la liberación del lazo del pecado por medio de la sangre de Jesucristo y regresamos a los amorosos brazos de Dios. Esta es la gran obra del Espíritu Santo. Cuando el sabio Espíritu Santo desciende sobre nosotros, nuestra alma oye la trompeta que anuncia el año de jubileo y volvemos al Señor y caemos en sus brazos.

Cuando el Espíritu Santo desciende sobre nosotros, llegamos a tener fe en el Señor Jesucristo y se produce un milagro de creación y sanidad en nosotros. Cuando buscamos y pedimos continuamente el Espíritu Santo para tener esa experiencia, nuestra vida llega a tener la victoria que glorifica a Dios.

Oh Señor, que obras incluso entre nosotros hoy, creo que cuando el Espíritu Santo llena a alguien, aun el trabajado y cargado, podrá dejar sus cargas, el ciego podrá ver de nuevo y el evangelio lo encaminará. Pedimos que el poder del Espíritu se manifieste entre

nosotros y que el Espíritu Santo descienda
sobre nosotros ahora, con toda autoridad y
poder. En el nombre de Jesucristo. Amén.

No apaguemos el fuego del Espíritu Santo

Una persona no puede evitar que su vida reciba la influencia de la cultura y las tendencias contemporáneas. Aunque algunos al tratar de escapar de las ideas y reglas de su tiempo, con su sistema de valores y reglas, quizás tengan éxito en cierta medida. Sin embargo, hay un límite cuando se trata de hasta qué punto pueden realmente tener éxito y cumplir. Al final, después de muchas luchas, sufren profundos quebrantos y las incesantes olas del mundo moderno los arrastran al océano de la vida mundana.

En nuestro tiempo, el pecado y la injusticia han impregnado todo el mundo y cada rincón de la sociedad a tal grado, que la humanidad a veces ni siquiera puede reconocer el pecado y su sentido de la justicia se embota. Estar en oposición a las "olas" del mundo moderno y vivir según la voluntad de Dios es para nosotros una tarea de grandes dificultades. En realidad, nos sería imposible llevarla a cabo con nuestras propias fuerzas. Esta tarea solo es posible con la ayuda del Espíritu Santo Consolador, el Ayudador. Sin el poder del Espíritu Santo es imposible vivir en este mundo la vida de fe. Para tener una vida justa ante los ojos de Dios, los creyentes tenemos que recibir la plenitud y el poder del Espíritu Santo.

Aunque el Espíritu Santo es eterno porque es Dios, también es un ser con personalidad. El Espíritu Santo tiene características tales como inteligencia, emociones y justicia. Debido a su naturaleza, se siente feliz cuando le reconocemos, aceptamos y confiamos en Él. Sin embargo, cuando no lo hacemos, podemos contristarlo y apagarlo en nuestro corazón.

Entonces, ¿cuáles son algunas de las cosas que pueden apagar el Espíritu Santo dentro de nosotros?

La pérdida de sueños y visiones

"Pero recibiréis poder, cuando haya venido sobre vosotros el Espíritu Santo, y me seréis testigos en Jerusalén, en toda Judea, en Samaria, y hasta lo último de la tierra" (Hechos 1:8).

El Espíritu Santo no es un ser estacionario. Trabaja arduamente y se mueve como el viento, el fuego y el agua. El Espíritu Santo sigue dándonos sueños y visiones de progreso para el mundo y nos manda seguir nuestros sueños y visiones con el propósito de predicar el evangelio en todos los rincones del mundo.

Si alguna iglesia o creyente pierde la visión y los sueños de testificar del evangelio de Jesucristo y no obra en base a esta visión, el Espíritu Santo no actuará por su intermedio ni le dará poder. Dios anima la fe. Satisface la fe de quienes tienen sueños y visiones de testificar al mundo y hace sus milagros a través de ellos. Cuando leemos la Biblia y oramos al Señor por nuestra vida, familia y nuestros hijos, también tenemos que orar con fervor por la evangelización del mundo. Asimismo tenemos que vivir dirigidos por el Espíritu Santo con los sueños y visiones ardientes de la voluntad de Dios.

Pesimismo: Emociones negativas

Hay muchas emociones que podemos calificar como pensamientos y emociones pesimistas. Sin embargo, las dos emociones más representativas son la queja y el resentimiento. Las quejas se producen debido a falta de satisfacción y pueden destruir la armonía y la paz en una relación. De la misma manera, cuando el creyente se queja sin cesar a Dios sobre cualquier cosa, la relación entre él y Dios se ve afectada negativamente y esto causa que el Espíritu Santo se aleje de él. El resentimiento que siempre culpa a otros también obra para contristar y alejar al Espíritu Santo.

Otra emoción que apaga al Espíritu es el odio. El odio es homicidio mental. Es imposible que el Espíritu Santo, el dador de la vida, resida en un homicida. La ira también apaga al Espíritu Santo. La Biblia advierte: "La ira del hombre no obra la justicia de Dios" (Santiago 1:20).

Debemos asegurarnos de desechar todas estas emociones negativas, que pueden apagar al Espíritu Santo, con la sangre de Jesucristo. Tenemos que vivir llenos del Espíritu Santo y del poder que Él nos brinda.

Idolatría

La idolatría es un adulterio del espíritu. Como cristianos, nos hemos casado espiritualmente con Jesucristo. Por lo tanto, debemos consagrar todo nuestro corazón y voluntad a Jesucristo.

Hay muchos que cometen el error de pensar que la idolatría se limita a adorar algo que se puede ver con los ojos, como la estatua de una gran persona o de un animal. Sin embargo, la Biblia dice: "La avaricia ... es idolatría" (Colosenses 3:5). En otras palabras, sin hay algo en el corazón que consideramos más importante o valioso que Dios, eso es idolatría. Mediante los Diez Mandamientos, Dios estableció que la idolatría es un gran pecado y que todo el que comete idolatría, ciertamente debe morir.

Un buen ejemplo de esto lo vemos en el libro de Hechos (5:1-11). Ananías y Safira, después de esconder una parte de su dinero, trajeron el resto de sus posesiones a Pedro y le mintieron al afirmar que ponían a sus pies todo lo que tenían. Como resultado, perdieron la vida. Dios los juzgó y les quitó la vida porque tenían avaricia en el corazón al punto que les hizo mentir al Espíritu Santo. Quienes tratan de mentir y engañar al Espíritu Santo solo conseguirán que Él se retire de ellos y caigan ante el terrible y justo juicio de Dios.

No solo tenemos que arrojar los ídolos que se pueden ver, también tenemos que expulsar los ídolos del corazón como la avaricia. Además, debemos invitar a Dios que tome posesión del centro de nuestro ser y vivir con el Espíritu Santo llenando nuestra alma.

Obscenidad

Puesto que es santo, Dios no se asocia ni avala la obscenidad.

"La voluntad de Dios es vuestra santificación; que os apartéis de fornicación; que cada uno de vosotros sepa tener su propia esposa en santidad y honor; no en pasión de concupiscencia, como los gentiles que no conocen a Dios" (1 Tesalonicenses 4:3-5). El cuerpo del cristiano es templo en el que reside el Espíritu Santo. Sin embargo, la obscenidad ensucia y contamina el templo de Dios. Por consiguiente, es obvio que el Espíritu Santo se aleje de quienes contaminan el templo de Dios. De modo que no tenemos que alejar al Espíritu Santo mediante nuestras obscenidades; tenemos que llevar vidas limpias.

Indulgencia con el secularismo

Vivimos rodeados de secularismo. Debido a esto, si no somos cuidadosos, podemos ser víctimas del secularismo y de ese modo contristar al Espíritu Santo. Dios desea que cada uno de nosotros esté alerta en este mundo y siempre en busca de la santidad característica de Dios. En ese estado, Dios desea que tengamos una vida llena del Espíritu Santo. Dios dijo: "Yo soy Jehová que os hago subir de la tierra de Egipto para ser vuestro Dios: seréis, pues, santos, porque yo soy santo" (Levítico 11:45). Hebreos 12:14 nos enseña: "Seguid la paz con todos, y la santidad, sin la cual nadie verá al Señor."

Cuando nuestros pensamientos son seculares y hablamos según ellos, vamos tras nuestros deseos mundanos y somos indulgentes con el mundo, el Espíritu Santo no tiene otra opción que alejarse de nosotros. Si queremos que el Espíritu Santo permanezca sin menguar su fuerza en nosotros, tenemos que seguir buscando la santidad de Dios mediante nuestras acciones, nuestras palabras y nuestra vida.

Pereza en cuanto a la fe

El gran poder y las obras de Dios nos llegan mediante su Palabra. Cuando pasamos por alto la Palabra de Dios o nos alejamos de ella, no podemos tener la obra y el poder del Espíritu Santo. Muchos cristianos cometen el error de buscar la experiencia del Espíritu Santo a través de alguna iluminación emocional. El Espíritu Santo no es una simple experiencia emocional. Si leemos la Biblia, reverenciamos su contenido y vivimos según la Palabra, el Espíritu Santo obra dentro de nosotros.

Además, cuando descuidamos la oración y no oramos, el Espíritu Santo se aleja de nosotros. Sin oración no podemos tener comunión con el Espíritu Santo. De la misma manera que nos reunimos y conversamos continuamente con quienes queremos tener una relación estrecha, para tener una relación continua con el Espíritu Santo debemos seguir orando a Dios.

Cuando entran en nuestro corazón los deseos carnales, las codicias de la carne y el orgullo, no podemos experimentar la gran obra del Espíritu Santo en nuestra vida. A fin de tener una experiencia continua con las grandes obras del Espíritu Santo, debemos tener sueños y visiones, buscar la santidad, leer la Biblia y orar siempre al Señor.

Oh amado Dios, lleno de amor y gracia,
perdónanos nuestros pecados conscientes o
inconscientes de estorbar al Espíritu Santo.
Ayúdanos a vivir cada día junto al Espíritu
Santo y con la experiencia de su gran obra.
En el nombre de Cristo. Amén.

Solo por medio del Espíritu Santo

El destino de la humanidad caída es vivir con la carga de muchos problemas que no se puede resolver con la habilidad de uno solo. Sin embargo, cuando analizamos la historia de la humanidad, vemos repetidas veces que el hombre ha tratado de imitar a Dios tratando de resolver por sí mismo sus problemas.

Especialmente después del florecimiento del Renacimiento, el hombre dio las espaldas a Dios proclamando que "el hombre puede vivir sin Dios". El advenimiento de la Ilustración en el siglo dieciocho llevó la razón y el intelecto del hombre a grandes alturas, de modo que llegó a proclamar que "Dios ha muerto". Más aun, el hombre decidió que con la ciencia podríamos edificar un cielo en la tierra.

Sin embargo, todo este humanismo de convertir este mundo en una utopía fracasó, en su lugar se alejó cada vez más de la paz y las cualidades utópicas. Las dos guerras mundiales demostraron la peligrosa condición caída del hombre y convirtieron la ciencia en un instrumento para desarrollar nuevas armas de destrucción masiva en vez de usarlas para el bienestar de la humanidad. Además, el hombre actual enfrenta el agotamiento de los recursos naturales, la contaminación ambiental y otros problemas similares que han llevado a la humanidad al borde del desastre. El hombre ahora está obligado a dedicar gran parte de su atención a tratar de sobrevivir en medio de tales desastres.

En relación con los desastres que el hombre enfrenta en la actualidad, Dios dice: "Esta es la palabra de Jehová a Zorobabel, que dice: No con ejército ni con fuerza, sino con mi Espíritu" (Zacarías 4:6).

Entonces, ¿cómo responde el Espíritu Santo a los problemas que el hombre no se puede resolver solo?

El problema del pecado

En el pasado, muchos pensaban que el pecado del hombre se debía a la ignorancia y la pobreza. Por consiguiente, pensaban que mediante la educación y el mejoramiento del nivel de vida para el mayor sector de la sociedad, podrían eliminar el pecado. Sin embargo, en el mundo de hoy, donde casi cada persona tiene acceso a la educación y la pobreza se ha visto reducida en gran medida, no ha habido una reducción equivalente del pecado. Más bien, los pecados del hombre se han hecho mayores y peores si se comparan con el pasado. Los pecados del hombre no son el resultado de la ignorancia ni la pobreza. Los hombres pecan porque heredamos nuestra naturaleza pecaminosa de Adán y Eva.

Entonces, ¿cómo resuelve el Espíritu Santo este problema sin resolver?

El problema del pecado del hombre no lo puede solucionar el hombre mismo con su propia habilidad, poder, riqueza ni otra cosa de este mundo. Solo creyendo en el evangelio de Jesucristo y aceptando el Espíritu Santo en su corazón puede resolverse este problema. Cuando así lo hacemos, podemos vencer la atracción de nuestra naturaleza pecaminosa y tener vidas santas. El cristianismo no solo proporciona un medio para el perdón de pecados, brinda además los medios para enfrentar adecuadamente la naturaleza pecaminosa heredada de Adán.

Jesucristo no murió en la cruz solo para perdonarnos los pecados cometidos en nuestra vida. También nos redime de nuestra naturaleza pecaminosa, el pecado original. Cuando aceptamos íntegramente a Jesucristo como nuestro Salvador y buscamos al Espíritu Santo en oración, el Espíritu Santo viene a nosotros, nos libera de las cadenas del pecado y podemos vencer la atracción y la seducción de la nuestra naturaleza pecaminosa.

El problema de la muerte

No hay una sola persona en el mundo que pueda escapar de la muerte. Todo el mundo está sujeto a la ley natural del nacimiento y la muerte y es un problema que el hombre no puede resolver (Hebreos 9:27). Sin embargo, Jesucristo, el Hijo de Dios, que tiene autoridad sobre la vida y la muerte, murió clavado en la cruz en nuestro lugar y resucitó al tercer día y venció a la muerte misma.

Aún hoy, Jesucristo nos hace la siguiente pregunta a cada uno de nosotros: "Yo soy la resurrección y la vida; el que cree en mí, aunque esté muerto vivirá. Y todo aquel que vive y cree en mí, no morirá eternamente. ¿Crees esto?" (Juan 11:25-26).

Cuando creemos en Jesucristo y le recibimos como nuestro Salvador, el Espíritu Santo viene a morar en nosotros, derrama la vida eterna de Jesucristo en nuestra alma y nos dirige para que podamos vivir junto a Jesucristo por toda la eternidad. Debido a esto podemos clamar: "¿Dónde está, oh muerte, tu aguijón? ¿Dónde, oh sepulcro, tu victoria?" (1 Corintios 15:55). Los que creemos en Cristo obtuvimos la vida eterna que el Espíritu Santo garantizó y recibimos la esperanza bienaventurada de un futuro glorioso junto a Jesucristo después de nuestra muerte física.

El problema del odio

En la actualidad, el odio que los hombres dejan acumular en su interior está destruyendo la sagrada relación entre padres e hijos, maestros y alumnos, y entre viejos amigos. Si el hombre no resuelve el problema del odio hacia los demás, aunque tenga toda la educación posible, aunque tenga todas las riquezas que se pueda acumular, es inútil, puesto que la ciencia y la cultura se han convertido en esclavas del odio y se usan para llevar a los hombres a la destrucción.

No obstante, Jesucristo amó al hombre, que se había convertido en enemigo de Dios, al punto de aceptar los dolores y sufrimientos de la cruz y morir en ella, todo para dar una solución a nuestro problema del odio. De igual manera, para resolver el problema de odio el hombre debe adoptar la misma actitud de sacrificio personal.

La Biblia exhorta: "Y sobre todo, tened entre vosotros ferviente amor; porque el amor cubrirá multitud de pecados" (1 Pedro 4:8). Tenemos que orar sin cesar a Jesucristo que llene de amor nuestro corazón. Si vamos ante Él y pedimos la ayuda del Espíritu Santo, este derrama el amor de Cristo en nuestro corazón como quien pone agua de una tetera a una taza. Entonces nuestro corazón rebosará del amor de Cristo y nos será más fácil expulsar el odio, amar a nuestro prójimo y tener una vida creadora de felicidad en todos los que se relacionan con nosotros.

El problema del temor y la ansiedad

Poco a poco el temor y la ansiedad corroen nuestra vida y nuestro bienestar. Si no tenemos paz en el corazón debido al temor y la ansiedad, no podemos ser felices no importa cuánta fama, gloria ni reconocimiento podamos recibir del mundo.

Entonces, ¿cómo podemos expulsar el temor y la ansiedad del corazón para ser verdaderamente felices?

El problema del temor y la ansiedad solo se puede resolver cuando armamos nuestro corazón con la paz y fe que Dios da por medio del Espíritu Santo. El Espíritu Santo nos da la fe que nos viene de la siguiente afirmación: "Y sabemos que a los que aman a Dios, todas las cosas les ayudan a bien, esto es, a los que conforme a su propósito son llamados" (Romanos 8:28), a fin de que podamos librarnos de las cadenas del temor y la ansiedad. Por consiguiente, tenemos que depender del Espíritu Santo en todo tiempo para expulsar el temor y la ansiedad y poder enfrentar la vida con valor.

El problema de la desesperación por el fracaso

El hombre moderno vive en una sociedad de cambios rápidos y se ve impulsado a competir con los demás para subsistir. En esta gran carrera muchos han gustado la amargura del fracaso y la frustración. Mediante el fracaso, algunos han llegado a tal grado de frustración y desesperación, que ya no cumplen bien su función en el mundo y luchan enormemente para sobrevivir. Para tales personas, el pozo de su desesperación y frustración es tan profundo, que les resulta imposible escapar a través de sus propios esfuerzos o mediante la ayuda de otros.

Entonces, ¿cómo puede una persona escapar de las cadenas de la desesperación y la frustración para tener una vida digna de disfrutarse?

La única respuesta es: confiar en el Espíritu Santo y depender de Él. El Espíritu Santo da nuevo valor y consuelo a la persona que sufre tan profunda frustración y desesperación, para que pueda vencerlas y mantenerse en alto. No solo eso, el Espíritu Santo da el valor que permite a una persona proclamar osadamente: "Todo lo puedo en Cristo que me fortalece" (Filipenses 4:13), y vivir con éxito y felicidad.

¿Se encuentra usted empantanado en el fracaso y la frustración de la vida? Pida ahora mismo la ayuda del Espíritu Santo.

Nada es imposible para el Espíritu Santo del Dios todopoderoso. Él desea ayudarnos. Cuando confiamos en el
Espíritu Santo y le entregamos todos nuestros problemas, Él los resolverá.

*Amado Dios todopoderoso, te damos gracias
por darnos el Espíritu Santo que puede
ayudarnos a resolver todos los problemas que
no pudimos resolver por nuestros propios
medios. Guíanos de tal manera que vivamos
con su poder y llevar una vida victoriosa y
gloriosa cada día.
En el nombre de Cristo. Amén.*

Vivir en obediencia al Espíritu Santo

En la actualidad, aun entre los cristianos hay algunos que no conocen la voluntad y los planes de Dios, sino que viven según la sabiduría y los métodos propios. Sin embargo, vivir de esta manera no
solamente desagrada a Dios, o no cumple su voluntad, sino también puede traer desengaños y fracaso en lugar de felicidad y
éxito.

Este error no se encuentra limitado a los bebés en Cristo; también aparece en personas con una fe firme y que participan en el
servicio de la iglesia y del evangelio. En el capítulo 16 de Hechos
el apóstol Pablo nos narra cómo tuvo que enfrentar un gran fracaso debido a que seguía su propia voluntad para testificar del evangelio. Grandes apóstoles y evangelistas, y aun el apóstol Pablo,
pueden caer en la trampa de seguir sus planes y su sabiduría
humanista.

Entonces, ¿qué debemos hacer para desechar los métodos humanistas y cumplir la voluntad de Dios cuando el Espíritu Santo
nos guía?

Abandone su impaciencia

Jesús prometió a sus discípulos: "Yo rogaré al Padre, y os dará otro Consolador, para que esté con vosotros para siempre" (Juan 14:16). En este pasaje, "Consolador" significa "alguien llamado para ayudar y permanecer al lado". El Espíritu Santo vino para ayudar a los que creen en Jesucristo y todavía sigue aquí. Los que creen en Jesucristo no se pueden comparar con los que han quedado huérfanos. En cuanto a los creyentes, el Espíritu Santo está siempre con nosotros.

"Pero Dios nos las reveló a nosotros por el Espíritu" (1 Corintios 2:10).

Cuando reconocemos, recibimos, aceptamos y confiamos en el Espíritu Santo, este no solo nos ayuda, sino que transmite además todas las cosas que Dios planificó y preparó para nosotros.

Sin embargo, a veces no llegamos a confiar en el gran Espíritu Santo y avanzamos con impaciencia por la dirección que nuestra voluntad señaló y tenemos que enfrentar el fracaso y el desengaño.

En Hechos 16:6-7 está escrito que Pablo y sus acompañantes "atravesando Frigia, y la provincia de Galacia, les fue prohibido por el Espíritu Santo hablar la palabra en Asia; y cuando llegaron a Misia intentaron ir a Bitinia, pero el Espíritu no se lo permitió". El apóstol Pablo no escuchó la voz del Espíritu Santo que le habló y, en cambio, se apresuró a dirigirse en una dirección de su propia elección.

Aun hoy encontramos cristianos que no escuchan cuidadosamente al Espíritu Santo para entender su voluntad. Ponen por delante sus propios pensamientos y planes. Debemos evitar esto. Tenemos que abandonar nuestros precipitados deseos de actuar. Tenemos que confiar en el Espíritu Santo y esperar en Él.

Esto ocurre porque, cuando vivimos con la actitud de completa obediencia al Espíritu Santo, Dios se encarga de nuestra vida presente y futura. No podemos precipitadamente pasar por alto al Espíritu Santo, sino que de rodillas y en oración ante la cruz de

Cristo tenemos que esperar que se nos aclare la voluntad del Espíritu Santo.

Destruya su ego

Habiendo fracasado en su esfuerzo de ir a Asia y Bitinia, Pablo se dirigió a Troas dirigido por el Espíritu Santo. Lo guió a Troas para demoler el ego de Pablo que confiaba en su propio fervor. A quienes dependen en gran medida de su ego, el Espíritu Santo los guía a la "terrible experiencia de Troas". Pablo llegó a Troas de noche. La "noche de Troas" no solo se refiere a la fase del día, sino también a la noche oscura en la vida de una persona. Pablo soportó la completa demolición de su ego en medio de la noche oscura de su vida.

Dios da propósito y llamamiento a quienes se han quebrantado de esta manera y los usa en su gran obra. Dios derribó a Pablo para usarlo en gran forma. Asimismo, todo el que desea que Dios lo use según su propósito, no puede escapar del quebrantamiento total previo a su llamamiento.

Por lo tanto, cuando cruzamos la noche oscura de la tribulación y la desesperación, debemos abandonar toda la sabiduría y los métodos humanos, y tenemos que buscar a Dios y orar a Él con el ego quebrantado.

"Oh Señor, me arrepiento de mi pecado y de haber puesto mis métodos y mis deseos antes que los tuyos. Perdona mi pecado. De ahora en adelante solo te seguiré a ti y tus métodos."

Cuando oramos de esta manera, Dios pondrá sus ojos en nosotros nuevamente y nos abrirá un sendero claro y luminoso para que andemos por él.

Tenga un sueño

Cuando Pablo pasó la noche oscura de Troas y se arrepintió de su pecado, Cristo le dio una visión, un sueño. Pablo tuvo el sueño de un varón macedonio que lo llamaba: "Pasa a Macedonia y ayúdanos." Después de su visión en sueños, Pablo supo que la voluntad del Espíritu Santo era que testificara del evangelio en Macedonia.

Dios edifica y patrocina la fe de los cristianos mediante sueños y visiones. Esto se debe a que los sueños y visiones son ingredientes para cambiar el mundo y producir la manifestación de un nuevo mundo. En la actualidad, mucha gente cree que el dinero, la juventud o la autoridad son los ingredientes para dar nueva vida o para producir grandes cambios en la vida de una persona. Sin embargo, este es un trágico error. Esas son solo nubecillas en el cielo que no tiene una existencia duradera. Debemos asirnos con firmeza a los sueños y visiones que Dios nos da, creer que estos se harán realidad y esforzarnos al máximo para nuestra vida refleje el milagro de Génesis y produzca vida.

Cuando oramos: "Oh Señor mío Jesucristo, abandono voluntariamente todo mi orgullo y mis planes humanistas que ponía por delante de ti. Desde este momento, viviré para ti, moriré por ti. Haz en mí tu voluntad", y obedecemos la voz de Jesucristo con completa humildad, el Señor nos concederá "un nuevo sueño".

Los que emprenden su vida sin sueños ni visiones, no son diferentes de quien hace planes de preparar una comida sin tener los ingredientes. Los que desean ir por el camino de la vida con el Espíritu Santo tienen que tener vidas con sueños y con el pensamiento: "Soy una nueva criatura, estoy lleno del Espíritu Santo, he recibido la bendición y soy libre de la condenación. Viviré para siempre con Jesús en los cielos eternos."

Cuando quebrantamos por completo el ego y el orgullo, Dios nos concede visiones y sueños maravillosos. Nos crea a nosotros y nuestra vida de nuevo conforme a su voluntad.

Oh Señor Dios, lleno de misericordia y amor, muchas veces vivimos según nuestra propia voluntad a pesar de profesar nuestro deseo de vivir según tu voluntad. Abandonamos toda

*impaciencia y nos postramos ante ti
arrepentidos. Queremos vivir en completa e
individual dependencia del Espíritu Santo, y
pedimos sinceramente la mano rectora del
Espíritu Santo. En el nombre de Cristo.
Amén.*

Nos agradaría recibir noticias suyas.
Por favor, envíe sus comentarios sobre este libro
a la dirección que aparece a continuación.
Muchas gracias.

ZONDERVAN

Editorial Vida
7500 NW 25 Street, Suite 239
Miami, Florida 33122

Vidapub.sales@zondervan.com
http://www.editorialvida.com